**COLLECTION
FOLIO/ESSAIS**

Friedrich Nietzsche

Le cas Wagner
suivi de
Nietzsche contre Wagner

*Textes et variantes
établis par
G. Colli et M. Montinari
Traduits de l'allemand
par Jean-Claude Hémery*

Gallimard

Dans la même collection

AINSI PARLAIT ZARATHOUSTRA. Un livre qui est pour tous et qui n'est pour personne, *n° 8.*

L'ANTÉCHRIST suivi d'ECCE HOMO, *n° 137.*

AURORE. Pensées sur les préjugés moraux, *n° 119.*

CONSIDÉRATIONS INACTUELLES I et II : David Strauss, l'apôtre et l'écrivain — De l'utilité et des inconvénients de l'histoire pour la vie, *n° 191.*

CONSIDÉRATIONS INACTUELLES III et IV : Schopenhauer éducateur — Richard Wagner à Bayreuth, *n° 206.*

CRÉPUSCULE DES IDOLES OU COMMENT PHILOSOPHER À COUPS DE MARTEAU, *n° 88.*

LE GAI SAVOIR, *n° 17.*

LA GÉNÉALOGIE DE LA MORALE, *n° 16.*

HUMAIN, TROP HUMAIN. Un livre pour esprits libres. I : *n° 77* ; II : *n° 78.*

LA NAISSANCE DE LA TRAGÉDIE suivi de FRAGMENTS POSTHUMES (septembre 1870-début 1871), *n° 32.*

PAR-DELÀ BIEN ET MAL. Prélude d'une philosophie de l'avenir, *n° 70.*

LA PHILOSOPHIE À L'ÉPOQUE TRAGIQUE DES GRECS suivi de SUR L'AVENIR DE NOS ÉTABLISSEMENTS D'ENSEIGNEMENT, de CINQ PRÉFACES À CINQ LIVRES QUI N'ONT PAS ÉTÉ ÉCRITS et de VÉRITÉ ET MENSONGE AU SENS EXTRA-MORAL, *n° 140.*

Titre original :

DER FALL WAGNER NIETZSCHE CONTRA WAGNER 1888-1889.

Éditions Gallimard, 1974, pour la langue française ;
Walter de Gruyter & Co, Berlin, pour la langue allemande ;
Adelphi Edizioni, Milano, pour la langue italienne ;
Hakusuisha Publishing Company, Tokyo, pour la langue japonaise.

© *Adelphi Edizioni, 1970, pour la traduction italienne.*
© *Walter de Cruyter & Co, 1969, pour la version allemande.*
© *Éditions Gallimard, 1974, pour la traduction française.*

Friedrich Nietzsche est né à Röcken, près de Leipzig, le 15 octobre 1844. Il est le fils d'un pasteur. Après ses études, il est appelé à la chaire de philologie classique de l'université de Bâle. En 1870, il s'engage comme volontaire dans le conflit franco-allemand. De retour à Bâle, il entre en relation avec le milieu intellectuel bâlois — l'historien Jacob Burckhardt, l'ethnographe J. J. Bachofen — et rend de fréquentes visites à Richard Wagner qui réside tout près, aux environs de Lucerne.

Son premier ouvrage, *La naissance de la tragédie*, paraît en 1872 et suscite de vives polémiques dans les milieux universitaires germaniques. De 1873 à 1876, il publie les quatre essais des *Considérations intempestives*, puis, en 1878, *Humain, trop humain*. La même année intervient la rupture avec Wagner.

Gravement atteint dans sa santé, Nietzsche demande à être relevé de ses fonctions de professeur. Dès lors commence sa vie errante entre Sils-Maria (en été), Nice, Menton et plusieurs villes italiennes. Pendant cette période, les livres se suivent à un rythme rapide : *Aurore, Le gai savoir, Ainsi parlait Zarathoustra, Par-delà bien et mal, La généalogie de la morale, Le cas Wagner, Crépuscule des idoles, L'Antéchrist, Ecce homo.*

Au début de 1889, il s'effondre dans une rue de Turin. Ramené en Allemagne, soigné par sa mère et sa sœur, il ne recouvrera pas la raison. Sa mort survient le 25 août 1900.

Pour une information détaillée sur la vie du philosophe, on consultera la biographie monumentale de C. P. Janz : *Nietzsche, Biographie* (Éd. Gallimard, 3 vol.).

NOTE DES ÉDITEURS

Dans ce volume sont réunis : *Le cas Wagner* et *Nietzsche contre Wagner*.

Ces écrits furent publiés ou préparés pour la publication par Nietzsche lui-même dans le second trimestre de 1888. *Le cas Wagner* fut publié à Leipzig par l'éditeur C. G. Naumann à la mi-septembre.

Nietzsche contre Wagner aurait dû être publié avant *Ecce Homo*. De ce texte, nous sont conservées les vingt-quatre premières pages imprimées, avec l'*imprimatur* de Nietzsche, c'est-à-dire jusqu'au début de l'avant-dernier chapitre (« Le psychologue prend la parole »). Le 2 janvier 1889, cependant, alors qu'il vient d'achever *Les Dithyrambes de Dionysos*, Nietzsche décide de retirer des presses *Nietzsche contre Wagner*, décision qui donne à l'opuscule contre Wagner un rang « mineur » au regard des écrits « posthumes » dont Nietzsche *voulut* la publication. Nous le publions dans la forme autorisée par Nietzsche jusqu'au moment où il renonça à sa publication. Notre texte suit les épreuves revues par Nietzsche et son manuscrit destiné à l'imprimeur.

Le texte de ces deux écrits est accompagné d'un appareil critique pour la rédaction duquel nous avons utilisé un très abondant matériel inédit. Il s'agit d'une série de travaux préparatoires, de variantes et d'ébauches.

Tous les manuscrits de Nietzsche sont conservés dans les Archives Goethe-Schiller de Weimar (République Fédérale d'Allemagne) où se trouvent aussi, aujourd'hui, les fonds des ex-Archives Nietzsche. Outre MM. H. Holtzhauer et K. H. Hahn, nous remercions M. Hans Henning, directeur de la « Zentralbibliothek der Deutschen Klassik » de Weimar, où sont conservées les épreuves et les premières éditions des œuvres de Nietzsche, ainsi que tout ce qui reste de sa bibliothèque. Nous remercions aussi Mme Anneliese Clauss, des Archives Goethe-Schiller, qui nous a aidés à déchiffrer nombre de passages difficiles.

Le texte de la présente édition en Folio/Essais suit exactement celui établi pour le volume VIII des *Œuvres philosophiques complètes* (appelé dans les notes : VIII). Chaque volume de cette dernière édition comprend les écrits de Nietzsche regroupés en huit grandes sections, et distribués en textes, variantes et souvent fragments posthumes contemporains des œuvres.

A l'intérieur de chacune de ces cinq sections regroupant les posthumes, chaque manuscrit a été numéroté par nous. Cette numérotation correspond à l'ordre chronologique des différents manuscrits ou des *différentes couches d'un même manuscrit* : il arrive en effet que Nietzsche ait travaillé sur un manuscrit à deux reprises, parfois à de longs intervalles de temps. Dans ce cas, les deux couches du manuscrit porteront un numéro différent et pourront même se trouver dans deux sections différentes. Le manuscrit M III 4, par exemple, fut rédigé par Nietzsche d'abord à l'époque du *Gai Savoir* (automne 1881), puis à l'époque de la seconde partie de *Zarathoustra* (été 1883). On en trouvera donc une partie dans la section V (c'est le cahier de fragments posthumes n° 12 du *Gai Savoir* dans la présente édition française), et une autre dans la section VII. Dans d'autres cas, bien entendu, plusieurs couches d'un même manuscrit se trouveront dans la même section. Dans la section IV par exemple, le manuscrit U II 5 a été rédigé pendant l'été 1876, puis en octobre-décembre 1876 ; les deux couches, très nettement distinctes, sont respectivement numérotées 17 et 19, et, entre elles, s'insère un manuscrit complet, M 11, écrit en septembre 1876 et qui porte le numéro 18. Dans le même manuscrit U II 5, on trouve d'ailleurs une couche antérieure elle-même aux deux qui viennent d'être dites ; nous l'avons donc placée dans la section III, au numéro 32. Nous mettons en évidence l'existence de ces différentes couches d'un même manuscrit en ajoutant au signe conventionnel qui le désigne une lettre de l'alphabet (*a, b, c,* etc.) ; ainsi U II 5 apparaît trois fois dans notre édition : U II 5 *a* : section III n° 32 ; U II 5 *b* : section IV n° 17 ; U II 5 *c* : section IV n° 19 (ces deux dernières constituant les cahiers de fragments posthumes n° 17 et n° 19 de *Humain, trop humain* I dans l'édition des *Œuvres philosophiques complètes,* tome III).

A l'intérieur de chaque manuscrit, dans notre édition, chaque fragment posthume est lui-même numéroté selon sa place chronologique, *qui ne correspond presque jamais à la pagination des Archives.* Le numéro d'ordre du manuscrit (ou de la couche d'un manuscrit) est donc suivi d'un second numéro d'ordre, placé entre crochets, qui indique la place du fragment à l'intérieur du manuscrit (ou de la couche). Par exemple : 17 [25] désigne le vingt-cinquième fragment du manuscrit (ou de la couche) qui porte, dans sa section, le numéro d'ordre 17. Dans les Notes, quand nous renvoyons à un fragment posthume qui se trouve dans la même section que l'œuvre commentée, nous donnons le numéro d'ordre du fragment et celui du manuscrit qui le contient, mais non celui de la section à laquelle ils appartiennent. Ainsi, lorsque, dans une note d'*Aurore* (relative à l'aphorisme 235), nous renvoyons au fragment posthume 4 [24], cela veut dire que l'on trouvera ce fragment, sous ce numéro, dans la même section que le texte d'*Aurore* lui-même, c'est-à-dire la section V. Si au contraire nous renvoyons à des fragments qui se trouvent dans d'autres sections (ce qui est toujours le cas dans les volumes appartenant à la section VI, tel le présent volume, qui ne contiennent pas de posthumes), alors le numéro du fragment sera précédé du chiffre romain qui désigne la section : par exemple IV 5 [22].

Il résulte de ce qui précède que, dans l'appareil critique, il est fait référence, tantôt au manuscrit tel qu'il se trouve aux Archives, tantôt à la série établie par nous à partir de ce même manuscrit, et publiée dans la présente édition. Pour éviter toute confusion, le lecteur est invité à se souvenir qu'en dépit de leur similitude, il s'agit là de deux ensembles bien distincts (notamment, tous les textes contenus dans une série se retrouvent bien dans le manuscrit correspondant, mais non tous les textes du manuscrit dans la série qui en est la réduction).

C'est ainsi que la série de textes établie par nous à partir du manuscrit M III 4 par exemple (manuscrit utilisé par Nietzsche et pour la rédaction du *Gai Savoir* et pour celle de *Par-delà bien et mal*), série qui constitue le cahier n° 12 du *Gai Savoir*, ne contient que des textes posthumes (ce qui n'est pas le cas du manuscrit M III 4), présentés selon leur ordre chronologique, et donnés dans leur intégralité. Lorsque nous employons dans notre appareil critique le chiffre 12, c'est en tant que référence interne, invitant le lecteur à comparer des textes voisins par le sens et qui se trouvent les uns et les autres dans notre édition. Le sigle M III 4, lui, dans cet appareil critique, est d'un emploi tout différent. Nous l'utilisons chaque fois qu'il nous semble utile de signaler l'existence, dans ce manuscrit, de variantes *écartées de notre édition* (c'est-à-dire ici de la série 12), ou d'en citer des extraits. Ces variantes sont des ébauches ou des versions non définitives, tantôt de textes déjà publiés par Nietzsche lui-même (et que l'on trouvera par conséquent dans le texte même de *Par-delà bien et mal*) et tantôt de textes posthumes établis par nous dans la série 12 (et que l'on trouvera par conséquent dans les *fragments posthumes* du *Gai Savoir* dans le tome V des *OPC*). Lorsque M III 4 est cité ainsi, son sigle est suivi de l'indication de la page où le texte figure dans les Archives, ainsi M III 4, 93.

Pour les œuvres citées, les chiffres renvoient au numéro des pages, sauf dans le cas des œuvres de Nietzsche lui-même où ils renvoient au numéro de l'aphorisme. Les notes de traduction, en bas de page, sont signalées par des astérisques, les notes et variantes de l'appareil critique sont appelées par des chiffres.

Abréviations

NT	*Naissance de la Tragédie.*
DS	*David Strauss.*
SE	*Schopenhauer éducateur.*
WB	*Richard Wagner à Bayreuth.*
HTH	*Humain, trop humain I.*
VO	*Le Voyageur et son ombre (Humain, trop humain II).*
OS	*Opinions et sentences mêlées (Humain, trop humain II).*
A	*Aurore.*
GS	*Le Gai Savoir.*
Za	*Ainsi parlait Zarathoustra.*
PBM	*Par-delà bien et mal.*
GM	*La Généalogie de la morale.*
CW	*Le cas Wagner.*
CI	*Crépuscule des Idoles.*
EH	*Ecce Homo.*
NW	*Nietzsche contre Wagner.*
GA	*Gross-Oktav-Ausgabe (Leipzig 1895).*
Dm	*Copie destinée à l'imprimeur.*
BN	*Livres se trouvant dans la bibliothèque de Nietzsche.*

Autres signes employés

[+]	Lacune.
[—]	Un mot illisible.
[- - -]	Phrase inachevée ou sans commencement.
⌈ ⌉	Additif de Nietzsche.
< >	Complément de l'éditeur.
[ ]	Les mots entre crochets désignent (dans l'appareil) les ratures de Nietzsche.

LE CAS WAGNER

UN PROBLÈME POUR MUSICIENS

Wagner = cas médical
↳ c'est une pathologie
N. a pris ses distances p/r Wagner
↳ a été un dur destin, une épreuve

- Wagnéromanie ≈ décadence
DÉCADENCE : Nihilisme — penser que rien n'est plus impt que qqc
                        ↘ médiocrité prend place
↳ on a un goût dépravé
  (gens qui aiment Wagner)
N. veut sortir de ses gens → briser le NIHILISME par la volonté de puissance (tjrs aller + loin)
en sortant de W, N est allé au delà de lui-même.

AVANT-PROPOS

Je m'accorde une petite détente. Si, dans ces pages, je vante Bizet au détriment de Wagner, ce n'est pas, uniquement, malice de ma part. Parmi force boutades et badineries, je présente une cause avec laquelle on ne badine pas. Tourner le dos à Wagner, ce fut pour moi un dur destin. Plus tard, reprendre goût à quoi que ce soit, une vraie victoire. Nul peut-être ne fut, plus que moi, dangereusement empêtré dans la wagnéromanie, nul n'a dû s'en défendre avec plus d'acharnement, nul ne s'est davantage réjoui d'en être enfin débarrassé. C'est une longue histoire [1]! — Faut-il la résumer d'un mot? Si j'étais un moraliste, qui sait comment je nommerais cela? Peut-être : *se dépasser soi-même*. Mais le philosophe n'aime pas les moralistes... Il n'aime pas non plus les grands mots...

Qu'exige un philosophe, en premier et dernier lieu, de lui-même? De triompher en lui-même de son temps, de se faire « intemporel ». Sa plus rude joute, contre quoi lui faut-il la livrer? Contre tout ce qui fait de lui un enfant de son siècle. Fort bien! Je suis, tout autant que Wagner, un enfant de ce siècle, je veux dire un *décadent* * [2], avec cette seule différence que, moi, je l'ai compris, j'y ai résisté de toutes mes forces. Le philosophe, en moi, y résistait.

Ma préoccupation la plus intime a toujours été, en fait, le problème de la *décadence* *, — et j'ai eu, à cela, mes raisons. « Bien et mal » : ce n'est qu'un cas particulier de ce problème. Si l'on s'est exercé la vue à déceler les signes du déclin, on comprend aussi la morale, — on comprend ce qui se dissimule sous les plus sacrés de ses noms et de ses formules de valeur : la vie *appauvrie*, le vouloir-mourir, la

---

* En français dans le texte.

grande lassitude. La morale *dit non* à la vie... Pour entreprendre une telle tâche, il me fallait de toute nécessité m'imposer une dure discipline : prendre parti contre tout ce qu'il y avait en moi de malade, y compris Wagner, y compris Schopenhauer, y compris tous les modernes sentiments d'« humanité »... Envers tout ce qui est lié au temps, conforme au goût du temps : profond détachement, refroidissement, désenchantement. Et, vœu suprême, l'œil de *Zarathoustra*, cet œil qui, d'une distance inouïe, domine toute la réalité humaine — qui la voit *au-dessous* de lui... Un tel but, quel sacrifice lui serait disproportionné ? Quel « dépassement de soi », quelle « ab-négation » de soi ?

Mon expérience la plus marquante fut une *guérison*. Wagner n'est qu'une de mes maladies.

Non que je veuille me montrer ingrat envers cette maladie. Si, dans ces pages, je proclame hautement que Wagner est *nuisible*, j'entends proclamer tout autant *à qui* il est cependant indispensable : au philosophe. D'autres peuvent sans doute se tirer d'affaire sans Wagner : mais le philosophe n'est pas libre d'ignorer Wagner. Il se doit d'être la mauvaise conscience de son temps [1] : il faut donc qu'il ait la meilleure science de ce qu'est son temps. Mais où trouverait-il pour le labyrinthe de l'âme moderne guide mieux initié, psychologue plus disert que Wagner ? C'est par la bouche de Wagner que la modernité parle son langage le plus *intime* : elle ne cache ni ses vices, ni ses vertus, elle a perdu toute pudeur. Et inversement : lorsqu'on a tiré au clair tout ce qui est bon et tout ce qui est mauvais chez Wagner, on a presque établi un bilan définitif des valeurs modernes... Je comprends parfaitement qu'un musicien puisse dire aujourd'hui : « Je déteste Wagner, mais je ne supporte plus aucune autre musique »... Mais je comprendrais aussi un philosophe qui dirait : « Wagner *résume* la modernité. Rien n'y fait, il faut commencer par être wagnérien... »

MUSIQUE + DECADENCE = chute, déclin
↳ = signe/symptôme d'un état social/moral
↳ miroir d'un peuple, d'une époque
- nous avons valeurs malades qui indiquent un déclin.
N. critique M. Wagner pour que les gens voient ce qui y est caché.

Qu'est-ce que la décadence?
↳ être hostile à la vie
  ↳ puissance
↳ quand ressentiment crée valeurs
  ↳ impuissance

Le cas Wagner

possible de
remonter ⇒
SURHUMANITÉ

Lettre de Turin, mai 1888

ridendo dicere severum [1]...

W = maladie : expression de la morbidité des valeurs judéo-chrétiennes
↳ COMEDIEN

① Rédemption de l'éternel féminin

W = comédien
↳ capable d'amplifier ce qui n'a pas de véritable portée
rédemption = être sauvé ICI + MAINTENANT
↳ signe du pessimisme/nihilisme → empêche de vivre
  vs AMOR FATI (aimer son destin, conditions de
  lesquelles on est jeté et en faire le meilleur

② Bizet
↳ une bouffée d'air chaud pcq il nous délivre de W
↳ ns déglace
↳ Oeuvre qui nous rend parfait
   ↳ puissant
   ↳ tragique
↳ ns rend philosophes, prépare l'avenir

B :
- vraiment tragique
- décadence est TOTALE

③ Wagner, le comédien
W souffre d'histrionisme (bouffon, péjoratif, trop banal)
↳ souffre d'hystérie, caractérisé par névrose - exagérer tout

MENSONGES

- -ment sur l'amour + redemption → mensonge en soi m → reduit la vie à rien
  ↳ pense que c'est lié à l'éternel féminin + doit passer par sacrifice de vie

- manque d'organisation de l'œuvre déguisé en ORGANISATION
  → son style est faux
  ↳ ne forme pas un tout, qqc LOURD
  → bcp de M pour rien

- W ≠ musicien, mais dramaturge, spécialiste du geste, de l'image
  ↳ il ne faut pas que la M devienne moins impt que théâtre

- des problèmes seulement modernes

- N se sert de littérature pour BERNER
  ↳ vrai musicien n'a pas besoin de parler de sa musique → renforcer le mensonge

- W = faux chrétien
  ↳ héros de morale aristocratique dans valeur des esclaves
  ↳ ≠ humilité

- W ≠ Allemand

④ l'âme moderne
- âme à 3 caractéristiques
  - BRUTALITÉ
  - ARTIFICIALITÉ
  - NAIVETÉ

la dépravation a touché tout l'Europe
→ recherche idée perfection
BONNE VS MAUVAISE musique
≠ grande + petite musique

W ne nous rend pas légers mais nous écrase → utilise colossal

- plus facile de faire du colossal que du beau

1.

Hier — me croira-t-on ? — j'ai entendu pour la vingtième fois le chef-d'œuvre de *Bizet*. Une fois de plus, j'ai, avec un doux recueillement, persévéré jusqu'à la fin, une fois de plus, je n'ai pas pris la fuite. Cette victoire sur mon impatience me surprend. Comme une telle œuvre vous rend parfait ! On en devient soi-même un « chef-d'œuvre »... Et, de fait, chaque fois que j'ai entendu *Carmen*, je me suis senti plus philosophe, meilleur philosophe qu'il ne me semble d'habitude : rendu si indulgent, si heureux, si indien, si *rassis*... Rester assis cinq heures de suite : première étape de la sainteté ! — Oserai-je le dire, l'orchestration de Bizet est à peu près la seule que je puisse encore supporter. L'autre style d'orchestration qui est actuellement en vogue, le wagnérien, brutal, artificiel et « naïf » tout à la fois, et qui, ainsi, parle simultanément aux trois sens de l'âme moderne... comme il me fait du mal, cet orchestre wagnérien ! Je l'appelle *sirocco*. Il m'en vient de désagréables sueurs. Fini, alors, *pour moi*, le beau temps [1] !

Mais cette musique-là me semble parfaite. Elle s'avance, légère, souple, polie. Elle est aimable, elle ne *transpire* pas. « Ce qui est bon est léger. Tout ce qui est divin marche d'un pied délicat » : premier principe de mon esthétique. Cette musique est méchante, raffinée, fataliste : elle reste pourtant populaire. Son raffinement est celui d'une race, non d'un individu. Elle est riche. Elle est précise. Elle construit, organise, achève : elle est ainsi l'exact opposé de ce véritable polype musical qu'est la « mélodie continue [2] ». A-t-on jamais entendu sur scène accents plus tragiquement douloureux ? Et comment sont-ils obtenus ? Sans grimaces ! Sans supercherie ! Sans le *mensonge* du grand style ! — Enfin, cette musique tient l'auditeur pour intelligent, et même pour musicien — par là aussi elle est l'exacte antithèse de Wagner, qui était tout ce qu'on voudra, mais en tout cas le génie le plus *impoli* du monde (Wagner nous prend en somme pour des... Il répète la même chose tant de fois que l'on n'en peut plus, que l'on finit par y croire...).

Et, je le répète : je deviens meilleur quand ce Bizet s'adresse à moi. Meilleur musicien, aussi, et meilleur *auditeur*. Peut-on écouter *encore* mieux ?... Mes oreilles vont fouiller *sous* cette musique, j'en écoute l'origine et la cause première. Il me semble que j'assiste à sa naissance : je tremble aux périls qui accompagnent une audace, je m'enchante de hasards heureux auxquels Bizet n'a point de part... Et, chose curieuse, — au fond, je n'y pense pas, ou je ne *sais* pas à quel point j'y pense. Car pendant ce temps, de tout autres pensées me courent par la tête... A-t-on remarqué à quel point la musique rend l'esprit *libre* ? Donne des ailes aux pensées ? Que, plus on devient musicien, plus on devient philosophe ?... Le ciel gris de l'abstraction comme zébré d'éclairs ; la lumière assez forte pour faire apparaître le filigrane des choses ; les grands problèmes si proches qu'on croirait les saisir, le monde embrassé du regard comme du haut d'une montagne. Je viens de définir la passion philosophique. Et, sans que j'y prenne garde, voici que me tombent du ciel des *réponses*, une fine grêle de glaçons et de sagesse, de problèmes *résolus*... Où suis-je ? — Bizet me rend fécond. Tout ce qui est bon me rend fécond. C'est la seule gratitude que je connaisse, c'est aussi la seule *preuve* dont je dispose pour désigner ce qui est bon.

2.

Cette œuvre aussi délivre ; il n'y a pas que Wagner qui soit un « libérateur » * [1]. Elle vous emporte loin du nord *brumeux*, de toutes les vapeurs de l'idéal wagnérien. L'action, à elle seule, suffit à vous en délivrer. Elle a gardé de Mérimée la logique dans la passion, la concision du trait, l'*implacable* rigueur ; elle a surtout ce qui est propre aux

---

* « *Erlöst* », « *Erlösung* » : ici, idée de rachat, rédemption, salut. On verra p. 46, note 3 pourquoi aucune de ces traductions n'a pu être retenue ici. (N.D.T.)

pays chauds, la sécheresse de l'air, la *limpidezza* de l'air. Là, sous tous les rapports, le climat change. Là parle une autre sensualité, une autre sensibilité, une autre gaîté sereine. Cette musique est gaie, mais pas d'une gaîté française ou allemande. Sa gaîté est africaine. L'aveugle destin pèse sur elle, son bonheur est bref, soudain, sans merci. J'envie Bizet d'avoir eu le courage de cette sensibilité, qui jusqu'alors ne s'était pas exprimée dans la musique savante européenne, — cette sensibilité plus méridionale, plus brune, plus brûlée... Qu'ils nous sont bienfaisants, les après-midi dorés de son court bonheur! Notre regard y porte plus loin : avons-nous jamais vu la mer plus *lisse*? Et quel persuasif apaisement dans la danse mauresque! Comme, par sa lascive mélancolie, notre insatiabilité, pour une fois, s'assouvit [1]!... Enfin l'amour, l'amour, re-transposé dans la *nature* originelle! Non pas l'amour d'une « vierge idéale »! Pas l'amour d'une « Senta [2] sentimentale »! Mais l'amour conçu comme un *fatum*, une *fatalité*, l'amour cynique, innocent, cruel, — et c'est justement là qu'est la *nature*! L'amour, dans ses moyens la guerre, dans son principe la *haine mortelle* des sexes. Je ne connais d'autre cas où l'humour tragique, qui constitue l'essence de l'amour, s'exprime avec plus de rigueur, en une formule plus terrible que dans l'ultime cri de don José qui termine l'œuvre :

> C'est moi qui l'ai tuée, ma Carmen,
> Ma Carmen adorée!

Bien rare est une telle conception de l'amour (la seule qui soit digne du philosophe) : elle distingue une œuvre d'art entre mille. Car les artistes, dans leur moyenne, font comme tout le monde, et même pire; ils prennent l'amour *à contresens*. Ce contresens, Wagner, lui aussi, l'a commis. Ces gens croient être désintéressés en amour, parce qu'ils souhaitent l'avantage d'un autre être, souvent contre leur propre avantage. Mais, cet être, ils voudraient en échange le *posséder*... Même Dieu, ici, ne fait pas exception. Il est loin de penser : « Si je t'aime, ce n'est pas ton affaire [3]! » — il devient terrible quand on ne l'aime pas en retour. « *L'amour* (et cette maxime s'applique aux dieux comme aux hommes), *est de tous les sentiments le plus égoïste, et par conséquent, lorsqu'il est blessé, le moins généreux* * » (Benjamin Constant).

---

* En français dans le texte.

3.

Commence-t-on à voir à quel point cette musique me rend *meilleur? Il faut méditerraniser la musique* *. J'ai des raisons d'avancer cette formule (*Par-delà bien et mal*, p. 220 ¹). Retour à la nature, à la santé, à la gaîté, à la juvénile, à la verte *vertu !*... Et j'ai pourtant été l'un des Wagnériens les plus corrompus ! J'ai été capable de prendre Wagner au sérieux ! Ah, le vieux sorcier ! Comme il a su nous en faire accroire ! La première chose que nous offre son art, c'est un verre grossissant : on y regarde, et l'on n'en croit pas ses yeux. — Tout y paraît grand, *Wagner lui-même y paraît grand*... Quel rusé serpent à sonnette ! Toute sa vie, agitant bruyamment sa crécelle, il nous a rebattu les oreilles de « dévouement », de « fidélité » et de « pureté », et c'est sur un éloge de la chasteté qu'il s'est retiré de ce monde *de perdition !* Et nous l'avons cru !

Mais vous ne m'entendez pas ? Vous préférez encore le *problème* que pose Wagner à celui que pose Bizet ? Moi non plus, je ne le sous-estime pas : il est, à sa manière, fascinant. Le problème du salut est en soi, digne d'intérêt. Wagner n'a médité aucun problème plus intensément que celui du salut : son opéra est un opéra du salut. Chez lui, on trouve toujours quelqu'un qui veut à tout prix être sauvé : c'est tantôt un bonhomme, tantôt une petite bonne femme : voilà *son* problème à lui. Et avec quelle richesse d'invention il brode sur son leitmotiv ! Quelles rares, quelles profondes modulations !... Qui, sinon Wagner, nous enseigna que l'innocence sauve de préférence des pécheurs « intéressants »? (Cas dans *Tannhäuser*). Ou bien que le Juif errant lui-même est sauvé, c'est-à-dire, *fixé* par le mariage? (cas dans le *Vaisseau fantôme*). Ou encore que les vieilles femmes corrompues ont une prédilection particulière pour se faire « sauver » par de chastes jouvenceaux ? (cas de Kundry ²)... <Que de jeunes hystériques aiment mieux être « sauvées » par leur médecin? (cas dans *Lohengrin*) ³>. Ou bien encore que le rêve des belles jeunes filles est d'être sauvées par un chevalier qui soit wagnérien? (cas dans les *Maîtres chanteurs*). Ou que les femmes mariées, elles aussi, se font volontiers sauver par un chevalier? (cas d'Isolde).

---

* La phrase « Il faut méditerraniser la musique » figure en français dans le texte.

Ou encore, que l'« ancien dieu », après s'être moralement compromis sous tous les rapports, est en fin de compte sauvé par un libre-penseur doublé d'un immoraliste? (cas dans l'*Anneau du Nibelung*). Admirez-vous comme il se doit la profondeur de ce dernier trait? La comprenez-vous seulement? Moi — je me garde bien de la comprendre [1]... Que l'on puisse encore tirer d'autres enseignements des œuvres citées, je serais plus disposé à le prouver qu'à le contester. Qu'un ballet wagnérien puisse vous disposer au désespoir... *et aussi* à la « vertu »! (Encore *Tannhäuser!*)... Que l'on ait à redouter les plus graves conséquences si l'on se couche trop tard (là encore, *Lohengrin*)... Que l'on ne doive jamais trop chercher à savoir qui l'on épouse (pour la troisième fois, cas de Lohengrin). — Tristan et Isolde glorifient l'époux parfait, qui, en une circonstance bien précise, ne pose qu'une question : « Pourquoi donc ne pas me l'avoir dit plus tôt? Rien de plus simple! » Réponse :

> Cela, je ne peux te le dire,
> Et ce que tu veux savoir,
> Jamais tu ne l'apprendras [2].

Dans *Lohengrin*, on trouve une interdiction solennelle de s'interroger et de poser des questions. Wagner défend ainsi le principe chrétien : « Qu'il te suffise de *croire*. » C'est péché contre le sublime et le sacré qu'une attitude scientifique... Le Hollandais du *Vaisseau fantôme* prône cette doctrine d'une grande élévation : la femme fixe le plus instable des hommes, ou, en langage wagnérien, le « sauve ». Ici, nous nous permettrons une question. A supposer même que cela soit vrai : serait-ce pour autant désirable? Qu'adviendra-t-il de l'éternel « Juif errant », qu'une femme adore, et *fixe*? En cessant d'errer, il cesse tout bonnement d'être « éternel [*] »... il se marie et ne nous intéresse plus le moins du monde. Transposé dans la réalité : pour les artistes, les génies — c'est-à-dire les « Juifs errants » —, le grand danger, c'est la femme. Les *adoratrices* sont leur perte. Presque aucun n'a assez de caractère pour ne pas se laisser pervertir (« sauver »!), lorsqu'il se sent traité comme un dieu. Aussitôt, il consent à *s'abaisser* jusqu'à la femme. L'homme est lâche devant tout « Éternel Féminin [3] » : et les petites bonnes femmes le savent bien [4]. Dans

---

[*] Le Juif errant se dit en allemand, littéralement, « le Juif éternel ». (N.D.T.)

de nombreux cas d'amour féminin, et peut-être justement dans les plus fameux, l'amour n'est qu'une forme supérieure de *parasitisme :* une manière de s'incruster dans une âme étrangère, et même, à l'occasion, dans une chair étrangère, — hélas !, toujours au détriment de l'« hôte » !

On connaît la fortune de Goethe [1] dans une Allemagne pudibonde et vieillotte, intoxiquée d'aigre « moraline ». Il a toujours choqué les Allemands, il n'a jamais trouvé d'admiration sincère que chez les Juives [2]. Schiller [3], le « noble » Schiller, qui leur rebattait les oreilles de grands mots, c'est *lui* le poète selon leur cœur ! Que reprochaient-ils donc à Goethe ? Le « Mont de Vénus », et d'avoir composé des *Épigrammes vénitiennes* [4]. Klopstock, déjà, lui avait fait la morale ; il fut un temps où, pour parler de Goethe, Herder usait avec prédilection du nom de « Priape ». Même *Wilhelm Meister* passait pour un symptôme de déchéance de sa part, ou de « faillite morale ». Par exemple, cette « ménagerie d'animaux apprivoisés », l'« infamie » du héros, tout cela provoquait la colère de Niebuhr : il finit par se répandre en lamentations que *Biterolf* [5] aurait pu reprendre à l'unisson : « Rien ne cause une impression plus pénible que de voir un grand esprit se rogner les ailes et, *renonçant aux plus hautes aspirations*, mettre sa virtuosité au service d'un sujet infiniment plus vil... » Mais ce fut surtout la " vierge idéale " qui fut scandalisée ! Tout ce que l'Allemagne comptait de petites cours et de citadelles du style " Wartburg " se signait au seul nom de Goethe, de l'« esprit impur [6] » qui habitait Goethe. C'est *cette* histoire-là que Wagner a mise en musique. Il a « sauvé » Goethe, cela va de soi : mais non sans prendre fort habilement le parti de la vierge idéale. Goethe est sauf, une prière le sauve, une vierge idéale l'« attire au ciel * » !...

Qu'aurait pensé Goethe de Wagner ? Goethe s'est un jour demandé quel danger menaçait tous les romantiques, ce qui serait funeste aux romantiques. Sa réponse est : « d'étouffer à force de ruminer des absurdités morales et religieuses [7] ». En bref : *Parsifal*... Le philosophe a un épilogue à ajouter. La *sainteté*, voilà peut-être la dernière des hautes valeurs que le bon peuple et les braves commères aperçoivent encore, l'horizon de l'idéal pour tous ceux qui, de nature, ont la vue *basse* [8]. Pour les philosophes, par contre, comme tous les horizons, c'est un simple refus de comprendre, une porte fermée *là où leur monde à eux ne*

---

* Dernier vers du *Second Faust* (trad. Blaze de Pury). (N.D.T.)

fait que commencer, leur péril, leur idéal, l'objet de leurs vœux... Ou, dit plus poliment : « *La philosophie ne suffit pas au grand nombre. Il lui faut encore la sainteté* * ¹. »

4.

Je reprends l'histoire de l'*Anneau*. Elle a sa place ici. C'est aussi l'histoire d'une rédemption : seulement, cette fois-ci, c'est Wagner qui est sauvé. Wagner a, pendant la moitié de sa vie, cru à la *Révolution* comme seul un Français a jamais pu y croire. Il a cherché ses traces jusque dans l'écriture runique du mythe, et il a cru trouver en Siegfried l'archétype du révolutionnaire. « D'où vient tout le malheur du monde? », s'est demandé Wagner. « Des anciennes conventions », a-t-il répondu, comme tous les idéologues de la Révolution. Traduisez : des mœurs, des lois, des institutions, de tout ce sur quoi repose le monde ancien, la société d'autrefois. « Comment bannir du monde le malheur? Comment abolir l'ancienne société? » On ne peut le faire qu'en déclarant la guerre aux « conventions » (à la coutume, à la morale). *C'est ce que fait Siegfried*. Il s'y prend tôt, très tôt. Sa naissance est déjà une déclaration de guerre à la morale, car il est né de l'adultère et de l'inceste... Ce n'est pas la légende, c'est Wagner qui a inventé ce trait violent : sur ce point, il a *corrigé* la légende... Siegfried continue sur sa lancée : il suit toujours sa première impulsion, il rejette toute tradition, tout respect, toute crainte. Ce qui lui déplaît, il l'abat. Il bouscule, plein d'irrespect, les divinités anciennes. Mais sa grande entreprise vise à *émanciper* la femme, à « sauver » Brunhilde... Siegfried et Brunhilde : le sacrement du libre-amour, l'avènement de l'âge d'or, le crépuscule des dieux de la morale antique. *Le mal est aboli*... La nef de Wagner a longtemps joyeusement suivi ce cours. Sans aucun doute, c'est là que Wagner poursuivait sa plus haute quête. Que s'est-il alors passé? Une catastrophe. Le navire a heurté un écueil. Wagner s'est échoué. Cet écueil, c'était la philosophie de Schopenhauer : Wagner s'était échoué sur l'écueil d'une conception du monde *contraire* à la sienne. Qu'avait-il mis en musique? L'optimisme. Alors, Wagner en fut honteux. Plus grave encore, c'était cet optimisme même auquel Schopenhauer avait accolé une épithète déplaisante :

---

* En français dans le texte.

l'optimisme « *infâme*[1] ». Sa honte redoubla. Il réfléchit longuement, sa situation semblait sans issue... Enfin, une solution lui apparut confusément : l'écueil sur lequel il s'était échoué, eh bien, s'il l'interprétait comme le but, l'intention dernière, le sens véritable de son périple? Échouer là — n'était-ce pas aussi un but? *Bene navigavi, cum naufragium feci*[2]... Et il traduisit l'*Anneau* en langage schopenhauerien. Tout va de travers, tout court à sa perte, le nouveau monde est aussi mauvais que l'ancien... Le Néant, cette indienne Circé, nous tend les bras... Brunhilde, qui, selon l'intention première, devait prendre congé sur un hymne au libre-amour, en faisant miroiter à nos yeux une utopie socialiste, où « tout finit bien », Brunhilde a maintenant bien autre chose à faire. Il lui faut d'abord étudier Schopenhauer. Il lui faut mettre en vers le IVe livre du « *Monde comme volonté et représentation.* » *Wagner était « sauvé »*... Tout de bon, ce fut *vraiment* un salut, ou du moins un soulagement... La dette que Wagner a contractée envers Schopenhauer est immense. Il fallut le *philosophe de la décadence* * pour révéler à lui-même l'artiste de la *décadence* *...

5.

L'artiste de la décadence : voilà le mot lâché. Et là, fini de plaisanter. Je n'ai nullement l'intention de rester passif tandis que ce *décadent* * nous ruine la santé — et la musique par-dessus le marché! Wagner est-il un être humain? N'est-il pas plutôt une maladie? Il rend malade tout ce qu'il touche, — *il a rendu la musique malade.*

Le *décadent* * typique, qui se sent nécessaire dans son goût dépravé, dont il prétend faire un goût supérieur, qui sait présenter avantageusement sa propre dépravation comme loi, comme progrès, comme accomplissement[3].

Et l'on ne résiste pas. La séduction qu'il exerce prend des proportions angoissantes — il disparaît dans un nuage d'encens. Le malentendu sur son compte se donne pour « évangile », mais ce ne sont pas, loin de là, les seuls « *pauvres en esprit* » qu'il a su se gagner!

J'ai envie d'ouvrir un instant la fenêtre. De l'air! Encore plus d'air!

Que l'on se trompe en Allemagne sur le compte de

---

* En français dans le texte.

Wagner, voilà qui n'est pas pour me surprendre ! C'est plutôt le contraire qui me surprendrait. Les Allemands se sont accommodés un Wagner à leur guise, auquel ils puissent rendre hommage. Ils n'ont jamais été psychologues, leur manière de témoigner leur reconnaissance consiste à comprendre de travers. Mais que l'on puisse se méprendre sur Wagner à Paris, où l'on est psychologue plus que tout ! Et à Saint-Pétersbourg, où l'on soupçonne des choses dont personne n'a même idée à Paris [1] ! Faut-il que Wagner ait d'étroites affinités avec toute la *décadence* * européenne, pour qu'elle ne ressente pas à quel point il est *décadent* * ! Il en fait partie, il est son protagoniste, son plus grand nom... *Le* porter aux nues, c'est se rendre hommage à soi-même —. Car le fait même de ne pas lui résister est en soi signe de *décadence* *. L'instinct est affaibli. On est attiré par ce qu'on devrait repousser. On porte à ses lèvres ce qui vous expédiera plus vite encore à l'abîme. — En veut-on un exemple ? Il suffit d'observer le *régime* * que les anémiques, les goutteux et les diabétiques se prescrivent d'autorité. Définition du végétarien : un être qui aurait besoin d'un régime fortifiant. Éprouver comme malfaisant ce qui fait du mal, *savoir* s'interdire ce qui vous fait du mal, c'est un signe supplémentaire de jeunesse, de force vitale. Un être épuisé est *alléché* par ce qui lui fait du mal : un végétarien l'est par les légumes. La maladie même peut être un stimulant vital : encore faut-il être assez sain pour ressentir ce stimulant comme tel ! Wagner aggrave l'épuisement : *c'est bien pourquoi* il attire les êtres faibles et épuisés. Ah ! Le vrai bonheur de serpent à sonnette qu'a dû éprouver le vieux maître en voyant « venir à lui » tous ces « petits enfants » !

Il est une évidence qui me semble primordiale : l'art de Wagner est malade. Les problèmes qu'il porte à la scène — de purs problèmes d'hystériques —, ce que sa passion a de convulsif, sa sensibilité d'exacerbé, son goût qui exigeait des piments toujours plus forts, son instabilité qu'il déguisait en autant de principes, enfin, et ce n'est pas le moindre symptôme, le choix de ses héros et héroïnes, considérés comme types physiologiques (une vraie galerie de malades !), bref, tout cela forme un tableau clinique qui ne permet pas le moindre doute : *Wagner est une névrose* * [2]. Rien n'est peut-être mieux connu de nos jours, rien n'est en tout cas mieux étudié que le caractère protéen de la dégénérescence,

---

* En français dans le texte.

qui, ici, se travestit en art et en artiste. Nos médecins et nos physiologistes tiennent en Wagner leur cas le plus intéressant, ou du moins, un cas très complet. C'est justement parce que rien n'est plus moderne que cette universelle morbidité, que cette machine nerveuse hyperexcitée et fin de race, que Wagner est *par excellence** *l'artiste moderne*, le Cagliostro de la modernité [1]. Dans son art, on trouve mêlé de la manière la plus troublante ce que le monde recherche le plus ardemment aujourd'hui : ces trois grands stimulants des épuisés que sont la *brutalité*, l'*artifice* et la *naïveté* (l'idiotie [2]).

Wagner est la ruine de la musique. Il a su déceler en elle le moyen d'agacer les nerfs fatigués — et, par là, il a rendu la musique malade. Ses dons d'invention ne sont pas minces dans l'art d'aiguillonner ceux qui sont à bout de forces, de rappeler à la vie les demi-morts. Il est le maître des passes hypnotiques ; les plus forts, il les renverse comme taureaux. Le *succès* de Wagner — son succès sur les nerfs, et donc auprès des femmes, a fait de tous les ambitieux du monde de la musique des disciples de son art maléfique. Et c'est vrai non seulement des ambitieux, mais aussi des *malins*... De nos jours, on ne gagne plus d'argent qu'avec de la musique malade. Nos grands théâtres vivent de Wagner.

6 [3]

Je m'accorde à nouveau une récréation. Supposons que le *succès* de Wagner se fasse chair, prenne corps, et que, sous les traits d'un musicologue philanthrope, il se mêle à de jeunes artistes. Quel langage pensez-vous qu'il leur tiendrait ?

— Mes amis, dirait-il, deux mots en confidence. Il est plus facile de faire de la mauvaise musique que de la bonne. Eh, quoi ? Si, en outre, c'était plus avantageux ? Plus efficace, plus convaincant, plus enthousiasmant, plus sûr ? Plus *wagnérien*, en un mot ? *Pulchrum est paucorum hominum* [4]. Tant pis ! Nous comprenons le latin, mais nous comprenons peut-être aussi notre intérêt. La beauté a ses épines, nous ne le savons que trop. Laissons donc la beauté ! Pourquoi pas plutôt la grandeur, le « sublime », le colossal, ce qui remue les foules ? — Et, je le répète, il est plus facile

---

* En français dans le texte.

d'être colossal que beau : nous sommes payés pour le savoir...

Nous connaissons les masses, nous connaissons le théâtre. Au meilleur de son public, c'est-à-dire aux adolescents allemands, aux Siegfrieds cuirassés de corne et autres Wagnériens, il faut du « sublime », du profond, de l'écrasant. Cela, c'est encore dans nos cordes. Quant au reste du public, — crétins frottés de culture, petits blasés, « éternels-féminins », bien-digérants, bref, au *peuple*, il lui faut aussi du « sublime », du profond, de l'écrasant. Tout cela relève d'une seule et même logique : « Qui nous renverse est fort, qui nous exalte est divin, qui nous fait pressentir l'ineffable est profond. » N'hésitons pas davantage, Messieurs les musiciens, renversons-les, exaltons-les, suggérons-leur l'ineffable ! Tout cela est encore dans nos cordes.

Pour ce qui est de l'« ineffable », c'est la base même de notre notion du « style ». Surtout, pas une pensée ! Rien n'est plus compromettant qu'une pensée ! Plutôt l'état qui *précède* la pensée, la poussée confuse des pensées non encore conçues, la promesse de pensées à venir, le monde tel qu'il était avant que Dieu ne le créât — une rechute dans le chaos... Le chaos fait « pressentir l'ineffable » !

Traduit dans la langue du Maître : l'infinitude, mais sans rien de mélodieux [1].

Deuxièmement [2], pour ce qui est de « renverser », cela relève en partie de la physiologie. Étudions avant tout nos instruments. Quelques-uns d'entre eux parlent aux tripes (ils *ouvrent* les portes, comme disait Haendel), d'autres chatouillent irrésistiblement la moelle épinière. La couleur du son est ici décisive : la *nature* exacte du son importe peu. C'est *là-dessus* qu'il nous faut raffiner ! A quoi bon gaspiller nos efforts ? Dans le timbre, soyons singuliers jusqu'à la manie ! Plus nos timbres poseront d'énigmes, plus on nous trouvera d'esprit ! Agaçons les nerfs, assommons-les, brandissons la foudre et le tonnerre — voilà qui « renverse »...

Mais c'est avant tout la *passion* qui renverse. Entendons-nous bien sur la passion. Rien n'est plus avantageux que la passion. On peut ignorer toutes les beautés du contrepoint, on peut se passer d'avoir rien appris — mais la passion, voilà ce qu'on sait toujours « faire » ! La beauté est chose difficile : gardons-nous de la beauté... Et la *mélodie*, donc ! Dénigrons, mes amis, dénigrons, si nous croyons ferme à l'Idéal, dénigrons la mélodie ! Rien n'est plus périlleux qu'une belle mélodie! Rien qui gâte plus aisément le goût! Nous sommes perdus, mes amis, si l'on se remet à aimer les belles mélodies!

Théorème: La mélodie est immorale. *Démonstration:* Palestrina. *Application: Parsifal* L'absence de mélodie, à elle seule, sanctifie.

Et voici la définition de la passion : la passion ou les acrobaties de la laideur sur la corde raide de l'enharmonie!... Osons, mes amis, osons être laids! Wagner l'a bien osé! Poussons imperturbablement devant nous la fange des harmonies les plus atroces! N'ayons pas peur de nous salir les mains! Ce n'est qu'ainsi que nous deviendrons *naturels!...*

Un dernier conseil! Peut-être résume-t-il à lui seul tous les autres. — *Soyons idéalistes!* C'est là ce que nous pouvons faire, sinon de plus intelligent, du moins de plus sage. Pour « élever » l'âme des gens, il faut être soi-même d'une grande « élévation »... Planons noblement dans les nuées, invoquons inlassablement l'infini, dressons, tout autour de nous, un rempart de Hauts Symboles! *Sursum! Boumboum!* Il n'est point de meilleur conseil! Que le « sein gonflé » soit notre argument, le « sentiment élevé » notre avocat! La vertu a toujours raison, même contre le contrepoint! « Celui-là qui nous rend meilleurs, comment ne serait-il pas bon? » Tel est le raisonnement que l'humanité a toujours tenu. Eh bien, rendons l'humanité meilleure[1], c'est ainsi que l'on devient bon! (c'est même ainsi que l'on devient un « classique ». C'est ainsi que Schiller est devenu un « classique »). La recherche à tout prix du vil charme des sens, de la prétendue beauté, a fait perdre tout nerf aux Italiens : restons allemands! Même l'attitude de Mozart envers la musique — Wagner l'a dit pour *nous* encourager — était au fond frivole... Ne tolérons jamais que la musique « serve de délassement », qu'elle « égaie », qu'elle « fasse plaisir ». *Ne faisons jamais plaisir!* Nous sommes perdus si l'on se remet à penser à l'art en hédonistes. Cela sent son « dix-huitième siècle ». Rien, par contre, n'est plus recommandable, entre nous soit dit, qu'une petite dose de... bigoterie, *(sit venia verbo).* Cela fait respectable. Et choisissons le moment où il convient de jeter des regards noirs, de soupirer ostensiblement, de soupirer chrétiennement, d'afficher la grande compassion chrétienne. — « L'homme court à sa perte. Qui le rachètera? *Qu'est-ce qui le sauvera?* » — Ne répondons pas. Soyons prudents. Réfrénons notre ambition, qui voudrait fonder des religions. Mais personne ne doit douter que c'est *nous* qui le sauverons, que seule *notre* musique est le salut... (Voir l'essai de Wagner *La religion et l'art* [1].)

7 [2].

Assez! Assez! Sous mes traits plaisants, on n'aura que trop reconnu, je le crains, la sinistre réalité — le tableau d'un déclin de l'art, d'un déclin aussi des artistes. Ce dernier, une vraie déchéance morale, pourrait peut-être s'exprimer provisoirement par cette formule : le musicien se fait maintenant comédien, son art devient de plus en plus un art de *mentir*. J'aurai l'occasion (dans un chapitre de mon œuvre principale, intitulé « Sur la physiologie de l'art » [3]), de montrer de plus près à quel point cette transformation générale de l'art dans le sens de l'histrionisme exprime tout autant une dégénérescence physiologique (ou plus précisément une forme d'hystérie) que chacune des altérations et des difformités de l'art auquel Wagner a ouvert la voie : par exemple l'instabilité de son optique, qui oblige à changer à chaque instant de position pour le voir. On ne comprend rien à Wagner tant que l'on ne voit en lui qu'une fantaisie de la nature, un caprice, une folie ou un accident. Il n'était pas un génie « incomplet », « raté », « plein de contradictions », comme on n'a pas manqué de le dire. Wagner était quelque chose de *parfait*, un *décadent* * accompli, dépourvu de tout « libre arbitre », et dont chaque trait avait sa nécessité absolue. S'il est une chose digne d'intérêt chez Wagner, c'est bien la logique avec laquelle une anomalie physiologique procède pas à pas, pour s'imposer de proche en proche en pratique et procédé, en renouvellement des principes, en crise du goût.

Je m'en tiendrai aujourd'hui à la question du *style*. A quoi distingue-t-on toute *décadence* * *littéraire?* A ce que la vie n'anime plus l'ensemble. Le mot devient souverain et fait irruption hors de la phrase, la phrase déborde et obscurcit le sens de la page, la page prend vie au détriment de l'ensemble : — le tout ne forme plus un tout. Mais cette image vaut pour tous les styles de la *décadence* * [4] : c'est, chaque fois, anarchie des atomes, désa-

---

* En français dans le texte.

grégation de la volonté. En morale, cela donne : « liberté individuelle ». Étendu à la théorie politique : « Les *mêmes droits* pour tous ». La vie, la *même* qualité de vie, la vibration et l'exubérance de la vie comprimée dans les plus infimes ramifications, tout le reste *dénué* de vie. Partout paralysie, peine, engourdissement, *ou bien* antagonisme et chaos : l'un et l'autre sautant de plus en plus aux yeux au fur et à mesure que l'on s'élève dans la hiérarchie des formes d'organisation. L'ensemble ne vit même plus : il est composite, calculé, artificiel, c'est un produit de synthèse.

Chez Wagner, il y a, au départ, hallucination : non de sons, mais de gestes. Ce n'est qu'ensuite qu'il cherche une sémiotique sonore qui s'y adapte. Si l'on veut l'admirer, c'est alors qu'il faut le voir au travail : il sépare, découpe en petites unités, anime ces dernières, les fait ressortir, les rend visibles. Mais, à cela, sa force s'épuise. Le reste ne vaut rien. Qu'il est misérable, emprunté, « amateur », quand il « développe », quand il tente d'encastrer, au moins, les uns dans les autres, ces éléments qui ne sont pas d'une même coulée ! Ses procédés dans cette opération rappellent ceux des *frères* * de Goncourt, auxquels le style de Wagner fait d'ailleurs souvent penser : on est presque pris de pitié devant tant de détresse [1]. Que Wagner ait travesti en grand principe son incapacité à concevoir un tout organique, qu'il prétende établir un « style dramatique » là où nous ne pouvons qu'établir son impuissance à trouver un style, cela répond à l'une des audacieuses habitudes qui ont accompagné Wagner tout au long de sa vie : il énonce un principe là où une faculté lui manque (en cela, il diffère tout à fait, soit dit en passant, du vieux Kant, qui affectionnait une *tout autre* audace : c'était, partout où un principe lui faisait défaut, de supposer à l'homme une « faculté » [2])... Répétons-le : Wagner n'est admirable, n'est aimable que dans l'infime trouvaille, dans l'invention de détail — et l'on est parfaitement justifié à le proclamer en cela un maître de tout premier ordre, notre plus grand *miniaturiste* de la musique, qui, dans l'espace le plus exigu, concentre tout un infini de sens et de douceur [3]. Sa richesse de couleurs, de pénombres, de lueurs occultes et déclinantes, tout cela vous gâte tant, qu'après cela, tous les autres musiciens vous semblent un peu frustes. Si l'on veut m'en croire, ce n'est

* En français dans le texte.

pas sur ce qui, aujourd'hui, plaît en lui, qu'il faut juger Wagner. Tout cela a été inventé pour séduire les foules, et, nous autres, devant cela, nous avons un mouvement de recul, comme devant une *fresque* un peu trop indiscrète et crue [1].

« Que nous chaut, à nous, l'exaspérante brutalité de l'ouverture de *Tannhäuser?* Ou tout le cirque de la *Walkyrie?* Tout ce qui, dans la musique de Wagner est devenu populaire, même hors du théâtre, est d'un goût douteux et gâte le goût. La marche de *Tannhäuser* me paraît suspecte de prudhommesque bonhomie. L'ouverture du *Vaisseau fantôme*, c'est beaucoup de bruit... pour du vent! Le Prélude de *Lohengrin* a, pour la première fois, prouvé par un exemple hélas trop captieux, trop évident, que l'on peut aussi *hypnotiser* par la musique [2] (je déteste toute musique dont l'unique ambition est d'agir sur les nerfs). Mais si l'on fait abstraction du Wagner magnétiseur et peintre de « fresques » tapageuses, il reste un autre Wagner qui amasse de petits trésors : c'est le plus grand mélancolique que nous ait donné la musique, plein de regards, de tendresses et de paroles consolantes que nul n'avait dites avant lui, c'est le maître des nuances d'un bonheur nostalgique et alangui [3]... Il y a toute une anthologie des expressions les plus intimes de Wagner, faite uniquement de courts morceaux de cinq à quinze mesures, toute une musique *que personne ne connaît*... Wagner avait la vertu des *décadents**, la faculté de compatir [4]---

8.

— « Fort bien, mais comment *peut-on* se laisser gâter le goût par ce *décadent** s'il ne se trouve pas que l'on est déjà musicien, que l'on est déjà *décadent**? » — Bien au contraire! Comment *ne le ferait-on pas?* Essayez donc d'y résister! Vous ne savez pas qui est Wagner : c'est un comédien de première force! Est-il dans tout le théâtre influence plus profonde, plus *pesante*? Regardez ces jeunes gens : figés, pâles, hors d'haleine! Ce sont les Wagnériens : cela ne comprend rien à la musique, et pourtant Wagner les tient en son pouvoir... L'art de Wagner exerce une pression de cent atmosphères! Courbez le dos, il n'y a

---

* En français dans le texte.

rien à faire... Wagner le comédien est un tyran, son pathos bouscule le goût, balaie toute résistance. Qui donc a la gesticulation plus éloquente, qui a, plus que lui, le sens du geste, du geste avant tout? Ah, ce pathétique wagnérien qui retient son souffle, qui ne veut pas démordre du sentiment le plus outré, cette effrayante *longueur* où chaque instant est déjà étouffant!

Mais Wagner était-il un musicien? En tout cas, il était quelque chose *de plus* : un incomparable *Histrio*, le plus grand mime, le plus étonnant génie théâtral que les Allemands aient jamais eu, notre homme de *scène par excellence*. Il a sa place ailleurs que dans l'histoire de la musique : il ne faut pas le confondre avec les grands et purs génies de la musique. Dire : Beethoven *et* Wagner, c'est blasphémer, et, en fin de compte, c'est injuste, pour Wagner aussi... Même comme musicien, il n'était que ce qu'il était en tout : il *s'est fait* musicien, il *s'est fait* poète, parce que son tyran intérieur, son génie de l'exhibition, l'y a contraint. On ne comprend rien à Wagner tant que l'on n'a pas discerné son instinct dominant.

Wagner *n'était pas* musicien d'instinct. Il l'a prouvé en sacrifiant dans la musique toute loi, ou, plus précisément, tout style, pour en faire ce qu'il lui fallait, une rhétorique théâtrale, un moyen parmi d'autres d'expression, de renforcement du geste, de suggestion, de pittoresque psychologique. En cela, Wagner devrait nous apparaître comme un inventeur et un novateur de premier ordre : il a *multiplié à l'infini les facultés d'élocution de la musique*. Il est le Victor Hugo de la musique, conçue comme langage [1]. A condition toutefois d'admettre que la musique *puisse*, le cas échéant, ne pas être musique, mais langage, mais instrument, mais *ancilla dramaturgica*. La musique de Wagner, lorsqu'elle *n'est pas* soutenue par le goût théâtral (un goût fort tolérant!), est tout simplement de la mauvaise musique, peut-être la plus mauvaise qui ait jamais été faite. Quand un musicien ne sait pas les rudiments, il se fait « dramatique », il se fait « wagnérien ».

C'est en fait pratiquement Wagner qui a découvert la magie qu'exerce encore une musique incohérente, et, pour tout dire, *élémentaire*. La conscience qu'il en a ne laisse pas d'inquiéter, tout comme l'instinct qui le poussait à ne pas sentir l'absolue nécessité d'une suprême loi, d'un *style*. L'élémentaire *suffit* : timbre, mouvement, coloration, bref, tout l'aspect sensuel de la musique.

Wagner ne calcule jamais en musicien en partant d'une quelconque conscience musicale. Il recherche l'effet, il ne recherche rien d'autre que l'effet. Et il sait bien de quelle corde il faut jouer. Il a en cela la même absence de scrupules qu'avait Schiller, et, également, son mépris pour un monde qu'il met à ses pieds... Être comédien, c'est savoir cette vérité, qu'ignore le commun des mortels : pour qu'une chose semble vraie, il ne faut pas qu'elle soit vraie. Le principe a été énoncé par Talma : il exprime toute la psychologie du comédien, il exprime, n'en doutons pas, toute sa morale! La musique de Wagner n'est jamais vraie.

Mais on la tient pour telle: tout est donc pour le mieux. Tant que l'on est encore naïf — et, en outre, wagnérien —, on voit en Wagner l'opulence même, un phénomène de prodigalité, et même le possesseur d'immenses domaines au Royaume de l'Harmonie. On admire en lui ce que de jeunes Français admirent en Victor Hugo, la « royale libéralité ». Plus tard, on les admire, l'un et l'autre, pour la raison exactement inverse : comme maîtres et parangons d'économie, comme de *prudents* amphitryons. Nul, mieux qu'eux, ne sait suggérer à peu de frais le spectacle d'une table princière. Le Wagnérien, grâce à son crédule estomac, est rassasié à la seule vue de la chère que son Maître fait miroiter à ses yeux. Nous autres, qui des livres comme de la musique, exigeons avant tout qu'ils soient *substantiels*, et qui n'avons que faire de tables « suggérées », nous y trouvons moins notre compte. Pour parler net : avec Wagner, nous restons sur notre faim [1]. Son *recitativo:* peu de viande, davantage d'os et beaucoup de bouillon — je l'ai baptisé « *alla genovese* » [2]. Par là, j'entends moins rendre hommage aux Génois qu'à l'*ancien* récitatif, le *recitativo secco*. En ce qui concerne le « leitmotiv » wagnérien, sa valeur culinaire m'échappe [3]. Si l'on me pressait, j'admettrais à la rigueur qu'il constitue un cure-dent idéal, un moyen de se débarrasser des « déchets ». Reste les « airs » de Wagner — et là, je préfère me taire.

9.

Même lorsqu'il ébauche le plan d'une action, Wagner reste avant tout homme de théâtre. Ce qui lui vient d'abord à l'esprit, c'est une scène d'un effet absolument sûr, c'est une authentique *actio* * où les gestes se détachent avec une netteté de *hauts-reliefs* **, une scène proprement « renversante ». Il la conçoit dans les moindres détails, et c'est d'elle seulement qu'il tire les personnages. Tout le reste en découle, conformément à une économie technique qui n'a aucun besoin d'être subtile. Ce n'est *pas* le public de Corneille que Wagner doit se concilier : ce n'est qu'un vulgaire XIXe siècle. Sur « ce qu'il faut avant toute chose »², Wagner porterait en gros le même jugement que tous les hommes de théâtre d'aujourd'hui : une série de scènes fortes, toutes plus fortes les unes que les autres, et, dans les intervalles, beaucoup d'habiles niaiseries. Il cherche d'abord à se garantir à lui-même l'effet de son œuvre, et commence par le troisième acte : il se *prouve* à lui-même la valeur de son œuvre par son effet final. Conduit par un tel sens du théâtre, on ne court pas le risque d'écrire un vrai drame sans le vouloir. Le drame exige une logique *rigoureuse*. Mais Wagner s'est-il jamais soucié de logique? Répétons-le, ce n'est pas le public de Corneille qu'il avait à se concilier : ce n'étaient que des Allemands! On sait quel problème technique requiert toutes les forces du dramaturge, et lui fait souvent suer sang et eau : donner un caractère de *nécessité* au nœud de l'intrigue, et de même au dénouement, afin que l'un et l'autre ne soient possibles que d'une seule manière, tout en donnant une impression de liberté

---

* *Remarque:* Ce fut pour l'esthétique un vrai malheur que l'on ait toujours traduit le mot « *drama* » par « action ». Wagner n'est pas seul à se tromper sur ce point : tout le monde est encore dans l'erreur, y compris les philologues, qui sont pourtant bien placés pour l'éviter. Le drame antique avait en vue de grandes scènes *déclamatoires*, ce qui excluait l'action (celle-ci avait lieu *avant*, ou *derrière* la scène). Le mot *drama* est d'origine dorienne, et dans le sens dorien, il signifie « événement », « histoire », les deux mots pris dans un sens hiératique. Le drame le plus antique représentait la légende locale, l'« Histoire sainte » sur laquelle était fondé le culte (ce n'était donc pas un « faire », mais un « fait » *accompli*, un événement. En dorien, δρᾶν ne signifiait nullement « *faire* »¹). (Note de Nietzsche.)
** En français dans le texte.

(principe de l'économie des forces). Eh bien, voilà qui n'a jamais coûté à Wagner beaucoup de sueur et de sang : c'est de toute évidence pour le nœud et le dénouement qu'il « économise » le plus « ses forces »! Que l'on examine au microscope n'importe quel « nœud » d'intrigue dans l'œuvre de Wagner : — il y a de quoi rire, je vous le promets. Rien n'est plus réjouissant que le nœud de l'intrigue de *Tristan*, si ce n'est, peut-être, celui des *Maîtres chanteurs*. Wagner *n'est pas* un dramaturge, ne nous en laissons pas conter. Il aimait le mot « drame », un point c'est tout, — il a toujours aimé les grands mots. Pourtant, dans ses écrits, le mot « drame » est toujours employé à contresens (*et* par habileté : Wagner a toujours fait le délicat devant le mot « opéra »), à peu près comme le mot « esprit », dans le Nouveau Testament, est un contresens [1]. Tout d'abord, il n'était pas assez psychologue pour le drame. Il se dérobait d'instinct devant la motivation psychologique. Comment cela? En mettant toujours à sa place l'idiosyncrasie... Très moderne, n'est-ce pas? Très parisien! Très *décadent* *! Les *nœuds*, soit dit en passant, que Wagner sait vraiment dénouer à l'aide d'inventions dramatiques, sont de tout autre nature. En voici un exemple. Prenons le cas où Wagner a besoin d'une voix de femme. Tout un acte *sans* voix de femme — ce n'est pas possible! Mais, pour le moment, aucune des « héroïnes » wagnériennes n'est disponible... Que fait alors Wagner? Il « émancipe » la plus vieille femme du monde, Erda : — « Allez, sortez, grand-mère, vous allez nous chanter quelque chose! ». Erda chante [2]. Wagner est parvenu à ses fins. Aussitôt il escamote la vieille dame : — « Qu'êtes-vous venue faire au juste? Décampez! Disparaissez! Et faites-moi le plaisir de vous rendormir tout de suite! ». *In summa :* une scène pleine de frissons mythologiques, où le Wagnérien *pressent l'ineffable*...

— « Mais, direz-vous, le *contenu* des textes wagnériens? Leur contenu mythique, leur contenu éternel? » — Question : Comment analyser ce contenu, cet éternel contenu? Le chimiste répond : en transposant Wagner dans la vie réelle, moderne... Soyons encore plus cruels : dans la vie *bourgeoise !* Qu'advient-il alors de Wagner? Entre nous, j'ai fait cette expérience. Rien n'est plus divertissant, rien n'est plus recommandé pour la promenade que de se raconter les œuvres de Wagner *rajeunies*. Par exemple,

* En français dans le texte.

Parsifal, étudiant en théologie après de bonnes études secondaires (nécessaires pour expliquer sa « *pure* niaiserie* ». On court alors de surprise en surprise ! Me croirez-vous si je vous dis que toutes les héroïnes wagnériennes, sans exception, dépouillées de leurs héroïques atours, ressemblent à s'y méprendre à Mme Bovary ! Inversement, on comprend qu'*il n'aurait tenu qu'à* Flaubert de transposer son héroïne en style scandinave ou carthaginois, puis, après l'avoir mythologisée, de l'offrir à Wagner sous forme de livret d'opéra. Oui, il semble, *grosso modo*, que Wagner ne se soit jamais intéressé à d'autres problèmes qu'à ceux qui passionnent les petits *décadents*** parisiens. Toujours à deux pas de l'hôpital ! Jamais que des problèmes résolument modernes, des problèmes de *citadins* invétérés ! Aucun doute n'est possible !... Avez-vous remarqué (c'est une association d'idées qui s'impose), que les héroïnes wagnériennes n'ont jamais d'enfants... Elles ne *peuvent* en avoir... Le désespoir avec lequel Wagner s'est attaqué à la difficulté de faire naître Siegfried, trahit à quel point il a, sous ce rapport, une sensibilité moderne. Siegfried « émancipe la femme » — mais sans espoir de descendance... Enfin, il y a un fait qui nous laisse rêveurs : Parsifal est le père de Lohengrin ! Comment donc s'y est-il pris ? Convient-il ici de se rappeler que « la chasteté fait des *miracles* » ?

— *Wagnerus dixit princeps in castitate auctoritas* [1].

10 [2].

J'aimerais ajouter un mot sur les écrits de Wagner : ils sont, entre autre, une école d'*habileté*. Le système des procédés dont Wagner se sert peut s'appliquer à cent autres cas. A bon entendeur, salut ! Peut-être aurai-je droit à la reconnaissance du public si je donne une formulation précise aux trois principes les plus précieux.

---

* Jeu de mots (qui sera répété plus loin) sur le double sens de la « *reine Torheit* » attribuée par Wagner au personnage de Parsifal : il faut entendre « sainte simplicité », mais N. feint de comprendre, littéralement « chaste niaiserie », ou même « pure niaiserie ». (N.D.T.)
** En français dans le texte.

Tout ce que Wagner *ne sait pas* faire est condamnable.

Wagner saurait en faire bien *davantage*. Mais il ne le *veut* pas, par rigueur de principes.

Tout ce que Wagner *sait* faire, personne ne saura l'imiter, personne ne l'a fait avant lui, personne *ne doit* le faire après lui... Wagner est divin...

Ces trois principes sont la quintessence de la littérature wagnérienne. Tout le reste est... « littérature ».

Jusqu'à présent, il n'allait pas de soi que toute musique eût besoin de littérature : on ferait bien d'en chercher ici la « raison suffisante ». Serait-ce que la musique de Wagner est trop difficile à comprendre? Ou bien, redoutait-il au contraire qu'on ne la comprît trop facilement? Que l'on ne la comprît *pas assez* « *difficilement* »? De fait, il a passé sa vie à répéter que sa musique n'était pas que de la musique, mais beaucoup plus, mais infiniment plus! « *Pas seulement* de la musique » : jamais un musicien ne parlerait ainsi. Encore une fois, Wagner ne savait pas créer un tout d'une seule pièce, il n'avait pas le choix, il lui fallait bien faire une œuvre fragmentaire, des « motifs », des gestes, des formules, des redondances, au double et au centuple. Le musicien en lui est resté un rhéteur : il était donc absolument *obligé* de mettre au premier plan son « cela signifie... ». « La musique n'est jamais qu'un moyen » : c'était là sa théorie, c'était surtout la seule *pratique* qui lui fût possible. Mais aucun musicien ne pense ainsi. Wagner avait besoin de littérature pour persuader le monde de prendre sa musique au sérieux, de la trouver profonde, « parce qu'elle a une *signification* infinie ». Toute sa vie durant, il fut le commentateur de l'« idée ». — Que « signifie » Elsa? Mais, cela ne fait pas de doute : Elsa est « le *génie* inconscient *du peuple* »! (« C'est de comprendre cela qui a fait de moi un parfait révolutionnaire [1]. »

N'oublions pas qu'à l'époque où Hegel et Schelling subornaient les esprits, Wagner était jeune : qu'il a su saisir, et saisir à pleines mains, ce que l'Allemand est seul à prendre au sérieux : l'« Idée », je veux dire quelque chose qui est obscur, douteux, plein de mystère; qu'il a deviné que pour les Allemands la clarté est un obstacle, la logique une objection. Schopenhauer a, très durement, reproché à l'époque de Hegel et Schelling son manque de sincérité; durement, mais à tort : lui-même, le vieux faussaire pessimiste, n'a été en rien plus « sincère » que ses plus illustres contemporains. Laissons la morale hors de tout cela : Hegel, c'est un *goût*. Et pas seulement un goût allemand, mais un goût européen. Un goût que Wagner a compris, qu'il a senti à sa mesure! Qu'il a immortalisé! — Il n'a fait que l'appliquer à la musique. Il s'est inventé un style « qui a une signification infinie », il s'est fait l'*héritier de Hegel*... L' « Idée » faite musique - - -

Et comme on a compris Wagner! — La même espèce d'hommes qui s'est engouée de Hegel s'engoue, aujourd'hui, de Wagner : à son école, on va jusqu'à *écrire* comme Hegel!... C'est surtout l'adolescent allemand qui l'a compris. Il a suffi de ces deux mots : « infini » et « signification » pour qu'il se sentît incomparablement à l'aise. Ce n'est pas par la musique que Wagner s'est gagné les adolescents. c'est par l' « Idée » — c'est ce qu'il y a de plus équivoque dans son art, sa manière de jouer à cache-cache derrière cent symboles, la polychromie de son idéal, qui a conduit et attiré irrésistiblement les adolescents vers Wagner; c'est le génie wagnérien de la nébulosité, son art de voguer, vaguer et divaguer dans les airs, d'être partout et nulle part, bref, exactement ce par quoi, en son temps, Hegel les avait séduits et subornés. Au milieu de la multiplicité, de la plénitude, de l'arbitraire de Wagner, ils trouvent en eux-mêmes leur justification, leur « salut ». Ils écoutent en tremblant les *grands symboles* qui, dans son art, grondent comme un tonnerre atténué, provenant d'un nébuleux lointain. Ils ne se démontent pas s'il y fait par instants gris, affreux et glacial. Car tous, autant qu'ils sont, ils ont, tout comme Wagner, des *affinités* avec le mauvais temps, le temps allemand! Wotan est leur dieu : or Wotan est le dieu du mauvais temps!... Ils ont raison, ces adolescents allemands, puisqu'ils sont ainsi faits. Comment pourraient-ils regretter tout ce que, nous autres, les *alcyoniens*, cherchons en vain chez Wagner : la *gaya scienza*? Les pieds ailés, l'esprit, la flamme, la grâce, la grande logique, la danse des étoiles : la pétulance intellectuelle, le frisson lumineux du sud — la mer *lisse* — la perfection [1].

11.

J'ai déjà expliqué quelle était la place de Wagner : elle n'est pas dans l'histoire de la musique. Que représentet-il cependant dans cette histoire? *L'avènement du comédien dans la musique.* C'est là un événement capital, qui donne à réfléchir — et peut-être aussi à craindre... Ramené à une formule : « Wagner et Liszt » — Jamais la sincérité des musiciens, leur « pureté » n'avait été soumise à si périlleuse épreuve. Cela crève les yeux, le grand succès, le succès de masse, n'est plus du côté des purs, il faut être comédien pour l'obtenir! Victor Hugo et Richard Wagner signifient exactement la même chose : à savoir que dans les cultures de décadence, que partout où le pouvoir de décision tombe aux mains des masses, la pureté est superflue : elle dessert plutôt, met à l'écart. Seul le comédien suscite encore le *grand* enthousiasme. — Ainsi, pour le comédien, c'est l'avènement de *l'âge d'or*, — pour lui et pour tous ceux de son espèce. Wagner, au son des fifres et des tambours, défile, à la tête de tous les artistes de l'exhibition, de la représentation, de la virtuosité : ceux qu'il a séduits les premiers sont les chefs d'orchestre, les machinistes et les chanteurs d'opéra. Sans oublier les musiciens d'orchestre : il les a « sauvés » de l'ennui... Le mouvement suscité par Wagner a des prolongements dans le domaine de la connaissance : des disciplines entières qui s'y rattachent émergent lentement de plusieurs siècles de scolastique. Par exemple, je citerai au premier rang la rythmique, et tout ce qu'elle doit à *Riemann*[1]. Il est le premier à avoir montré la valeur de la notion de ponctuation en musique (malheureusement, sous un bien vilain nom; il l'appelle « phrasé »[*]. Tous ces gens sont, je le dis avec gratitude, les meilleurs disciples de Wagner, les plus dignes de respect, — ils ont, eux, vraiment le droit de vénérer Wagner. C'est le même instinct qui les lie les uns aux autres, ils voient en lui leur type le plus accompli, ils se sentent passés au rang de puissance, et même de grande puissance, depuis qu'il les a embrasés de son ardeur. Si l'influence de Wagner a jamais été *bénéfique*, c'est bien là. Jamais, dans ce milieu, on n'avait tant réfléchi, tant exigé, tant travaillé. Wagner a donné à tous ces artistes une nouvelle conscience : ce qu'ils exigent, ce qu'ils obtiennent maintenant d'eux-mêmes, ils ne l'avaient jamais exigé d'eux-mêmes avant Wagner. Ils étaient bien trop modestes pour cela. Il règne sur la scène un esprit nouveau depuis que l'esprit de Wagner y domine : on y exige le plus ardu, on y blâme sévèrement,

[*] « *Phrasirung.* » (N.D.T.)

on y loue rarement : le bon, l'excellent, est maintenant la règle [1]. Plus besoin de goût, pas même de voix. On ne chante Wagner qu'avec une voix ruinée : cela fait plus « dramatique ». Même le talent inné est banni. L' « *espressivo* » à tout prix, tel que l'exige l'idéal wagnérien, l'idéal de *décadence* *, est difficilement compatible avec le talent. Il n'y faut que de la *vertu*, je veux dire du dressage, de l'automatisme, de l' « abnégation ». Ni goût, ni voix, ni talent : la scène wagnérienne n'a besoin que d'une chose : des *Teutons!*... Définition du Teuton : de l'obéissance [2] et de bonnes jambes... Il est profondément significatif que l'avènement de Wagner ait coïncidé avec celui du « Reich » : ces deux faits attestent exactement la même chose : de l'obéissance [3] et de bonnes jambes. Jamais l'on n'a si bien obéi, jamais si bien commandé. Les chefs d'orchestre wagnériens en particulier sont dignes d'une époque que la postérité appellera avec un respect apeuré « *l'âge classique de la guerre* ». Wagner, lui, savait commander : en cela aussi il fut un grand maître. Il commandait, lui qui n'était qu'implacable volonté de se réaliser, que discipline exercée toute une vie durant sur soi-même, ce Wagner, qui, dans l'histoire de l'art, offre peut-être l'exemple le plus grandiose d'un homme qui se fait violence à soi-même... (Même Alfieri, qui s'en rapproche le plus, est surpassé. Observation d'un Turinois.)

12.

En reconnaissant que nos artistes sont plus dignes d'admiration que jamais par le passé, on ne minimise pas pour autant le danger qu'ils représentent... Mais, qui doute encore de ce que je veux, de ce que sont les trois exigences que ma rage, mon souci, mon amour de l'art, m'ont aujourd'hui contraint de formuler à haute voix?

> *Que le théâtre n'en vienne pas à dominer tous les autres arts.*
> *Que le comédien ne devienne pas le suborneur des purs.*
> *Que la musique ne devienne pas un art de mentir.*

Friedrich Nietzsche

* En français dans le texte.

POST-SCRIPTUM [1]

— La gravité de ces derniers mots m'autorise à citer ici même quelques passages d'un essai inédit, qui, à tout le moins, dissipera les derniers doutes quant à mon sérieux dans cette affaire. Cet essai s'intitule : *Ce que Wagner nous coûte* [2].

S'attacher à Wagner, cela se paie cher. Maintenant encore, on continue à le sentir obscurément. Même le succès de Wagner, sa victoire, n'a pas radicalement éliminé ce sentiment. Mais, autrefois, il était puissant, il était terrible : c'était comme une sombre haine — pendant presque les trois quarts de la vie de Wagner. Cette résistance qu'il rencontra chez nous autres Allemands, il ne faut pas la sous-estimer, et l'on ne lui rendra jamais assez justice. On lui résistait comme on résiste à une maladie, *non pas* par des arguments — on ne réfute pas une maladie —, mais avec gêne, méfiance, contrariété, dégoût, avec une sombre résolution, comme si, en lui, c'était un grave péril qui gagnait insidieusement. Messieurs les Esthéticiens se sont ridiculisés, lorsque, retranchés dans les trois écoles de la philosophie allemande, ils firent une guerre absurde aux principes de Wagner, à grand renfort de « si » et de « car »... Que lui importaient les principes, fussent-ils les siens ? — Les Allemands eux-mêmes ont eu, dans leur instinct, assez de raison, pour s'interdire ici tout « si » et tout « car ». Un instinct qui se donne des justifications rationnelles est affaibli : *le fait* même de se justifier par la raison l'affaiblit. S'il existe des indices que, malgré le caractère universel de la *décadence* * européenne, il subsiste encore dans le génie allemand un certain degré de santé, un flair instinctif pour ce qui est nocif et lourd de menaces,

---

* En français dans le texte.

j'aimerais surtout que, parmi ces indices, on ne sous-estimât pas cette *sourde* résistance à Wagner. Elle nous fait honneur, elle nous permet même d'espérer : ce n'est pas la France qui saurait encore faire preuve d'une telle santé... Les Allemands, les « *ralentisseurs* » *par excellence* de l'Histoire, sont actuellement le peuple de culture le plus retardataire d'Europe. Cela n'est pas sans avantages : cela en a fait, relativement, *le plus jeune* [1].

S'attacher à Wagner, cela se paie cher. Il n'y a que très peu de temps que les Allemands ont cessé d'avoir peur de Wagner — en toute occasion, il leur prenait envie d'en être *débarrassés* [*]... Se souvient-on d'une curieuse circonstance, où, pour la dernière fois ce vieux sentiment s'est encore manifesté de manière imprévue? Cela s'est produit aux obsèques de Wagner, lorsque le plus ancien des « Cercles Wagner », celui de Munich, eut déposé sur sa tombe une couronne dont l'*inscription* connut aussitôt la célébrité. On y lisait : « *AU* Libérateur, la Délivrance [**] ! » Tout le monde admira la haute inspiration qui avait dicté cette inscription, tout le monde, aussi, ce bon goût qui n'appartient qu'aux disciples de Wagner. Mais, bien des gens (et cela ne laisse pas d'étonner!) lui apportèrent la même petite correction : « *Du* Libérateur, enfin délivrés [***] ! » On respirait!

S'attacher à Wagner, cela se paie cher. On peut le mesurer à l'influence du wagnérisme sur la culture. Qui donc son mouvement a-t-il amené sur le devant de la scène? Qu'a-t-il toujours cultivé à l'excès? Avant tout la préten-

---

[*] *Remarque:* Mais Wagner était-il même allemand? On a quelque raison de se le demander. Il est difficile de discerner en lui un seul trait allemand. Lui qui ne cessait d'apprendre, il a appris notamment à imiter bien des particularités allemandes, mais c'est tout. Son génie même *contredit* tout ce qu'on a, jusqu'à présent, considéré comme typiquement allemand, pour ne pas parler des musiciens allemands. Son père était un comédien du nom de Geyer (a) — un « *Geyer* », c'est déjà presque un « *Adler* » (b)... Ce qui circule aujourd'hui sous le nom de « Vie de Wagner » est *fable convenue* [*], si ce n'est pire. Je confesse ma méfiance à l'égard de tout ce qui n'est attesté que par Wagner lui-même. Il n'avait pas assez de fierté pour être jamais véridique sur son propre compte. Nul n'était moins fier que lui : tout comme Victor Hugo, il est resté fidèle à lui-même jusque dans sa biographie : il y est resté comédien. (Note de Nietzsche [*].)
 (a) « Vautour »; (b) « Aigle ». (N.D.T.)
[**] « *Erlösung* dem *Erlöser!* ». (N.D.T.)
[***] « *Erlösung* vom *Erlöser!* » (N.D.T.)

tion du profane, de l'imbécile qui se mêle d'art. Cela vous organise maintenant des sociétés, cela veut imposer son « goût », cela voudrait se poser en arbitre *in rebus musicis et musicantibus*... En second lieu : une indifférence de plus en plus grande envers toute discipline austère, aristocratique, au service de l'art; au lieu de cela, la foi dans le génie, ou pour parler plus clairement, dans l'insolent dilettantisme (la formule se trouve dans les *Maîtres chanteurs*). En dernier (et pire!) lieu : la *théâtrocratie*, la foi aberrante eu une *prééminence* du théâtre, en un droit naturel qu'aurait le théâtre de *régner* sur les arts et sur l'Art... Mais il ne faut pas se lasser de clamer à la face des Wagnériens *ce qu'est* le théâtre : toujours un *en-deçà* de l'art, toujours quelque chose de secondaire, de grossi, quelque chose de gauchi, de forgé de toutes pièces à l'usage des masses! A cela, Wagner n'y a rien changé : Bayreuth, c'est du grand opéra, même pas du *bon* opéra!... Le théâtre est une forme de « *démolâtrie* » en matière de goût, le théâtre est une levée en masse, un plébiscite *contre* le bon goût... *C'est justement ce que prouve le cas de Wagner*: il a rallié les foules, il a perverti le goût, il a même gâché notre goût pour l'opéra!

S'attacher à Wagner, cela se paie cher. Qu'advient-il alors de l'esprit? *Wagner libère-t-il l'esprit?* Sa force, c'est l'équivoque, le « double sens », tout ce qui persuade les hésitants sans leur faire clairement comprendre *de quoi* ils sont persuadés. En cela, Wagner est un séducteur de grande classe. Il n'est, dans les choses de l'esprit, rien de las, d'exténué, rien qui présente un danger mortel et dénigre le monde, que son art ne défende en secret. — C'est le plus sombre obscurantisme qu'il cache dans les voiles lumineux de l'Idéal. Il flatte tous les instincts nihilistes (bouddhistes) et les travestit en musique, il flatte toute forme de christianisme, toute forme religieuse qui exprime la *décadence*[*]. Qu'on ouvre bien les oreilles : tout ce qui a jamais poussé sur le terrain de la vie *appauvrie*, la grande imposture de la transcendance et de l'au-delà[1], a trouvé dans l'art de Wagner son plus sublime avocat : et ce, *non* en formules — Wagner est trop intelligent pour s'exprimer en formules —, mais en s'adressant à la sensualité, qui, à son tour, épuise et brise l'esprit. La musique, nouvelle Circé... Sa dernière œuvre est, sous ce rapport, son plus grand chef-d'œuvre. *Parsifal* gardera toujours sa place

---

[*] En français dans le texte.

dans l'histoire de la séduction, celle d'un *coup de génie* dans l'art de séduire... J'admire cette œuvre, je voudrais l'avoir faite. A défaut, je la comprends [1]... Wagner n'a jamais été mieux inspiré qu'à la fin. Le raffinement dans l'alliance de la beauté et de la maladie y va si loin qu'il jette presque une ombre sur les débuts de l'art wagnérien : ceux-ci paraissent presque trop lumineux, trop sains. Comprend-on cela? La santé, la clarté qui font figure d'ombre au tableau? Presque de défaut? Faut-il que nous soyons déjà de *purs* niais [*]... Jamais il n'y eut plus grand maître en matière de parfums lourds et hiératiques, jamais meilleur connaisseur de tous les *infimes* infinis, de tous les frémissements, de toutes les transes, de tous les féminismes [**] que contient le lexique dialectal du bonheur! Buvez donc, mes amis, buvez les philtres de cet art! Nulle part vous ne trouverez plus agréable moyen de vous épuiser nerveusement l'esprit, d'oublier votre virilité sous un buisson de roses... Ah, le vieux sorcier! Klingsor de tous les Klingsors [2]! Comme, en cela, il nous fait la guerre, à *nous*, les esprits libres! Comme, de ses accents de sirène, il sait plier à sa guise toutes les lâchetés de l'âme moderne! Jamais il n'y eut *haine* plus mortelle de la connaissance! Il faut être un cynique pour ne pas être séduit, il faut savoir mordre pour ne pas tomber en adoration. Eh bien, vieux séducteur! C'est le cynique qui t'en avertit : *Cave canem!*

S'attacher à Wagner, cela se paie cher. J'observe les jeunes gens qui ont été longtemps soumis à cette contagion. Le premier effet, relativement anodin, est la <dépravation> du goût [3]. Wagner produit le même effet que l'ingestion réitérée d'alcool. Il engourdit, il alourdit l'estomac. Séquelle spécifique : dégénérescence du sens du rythme. Le Wagnérien, ces derniers temps, appelle « rythmique » ce que j'appelle, d'après une expression grecque « remuer la boue ». Beaucoup plus grave est la corruption des idées. L'adolescent dégénère en crétin — en « idéaliste ». Il est bien au-dessus de la science : en cela, il est au niveau du Maître. Par contre, il joue les philosophes, il rédige les *Bayreuther Blätter :* il résout tous les problèmes au nom du Père, du Fils et du Saint « Esprit wagnérien ». Mais, ce qui est le plus inquiétant, c'est la perversion des nerfs. Que l'on parcoure une ville le soir : partout on y entend

---

[*] Cf. note* p. 40. (N.D.T.)
[**] *Sic.* (N.D.T.)

des instruments violés avec une fureur solennelle — et il
s'y mêle un hurlement sauvage — Que se passe-t-il? — Les
jeunes gens célèbrent le culte de Wagner... Bayreuth
rappelle un asile de forcenés. Télégramme caractéristique
envoyé de *Bayreuth:* « Regrette déjà [1]. » Wagner est mauvais pour les adolescents. Il est fatal aux femmes. Qu'est-ce,
médicalement parlant, qu'une Wagnérienne? Il me semble
qu'un médecin ne saurait assez solennellement mettre les
jeunes femmes devant ce cas de conscience : c'est l'un *ou*
l'autre [2]. Mais leur choix est déjà fait. On ne peut servir
deux maîtres, lorsque l'un d'eux s'appelle Wagner. Wagner
a « sauvé » la femme : en échange, la femme lui a construit
Bayreuth. Tout sacrifice, tout dévouement : on ne possède
rien qu'on ne soit prêt à lui donner. La femme se ruine
au profit du Maître, elle en devient touchante, elle se
présente nue devant lui. La Wagnérienne — ou la plus
gracieuse ambiguïté qui soit de nos jours. Elle *incarne*
la cause wagnérienne : c'est sous son signe que la cause
triomphe... Ah, le vieux brigand! Il nous ravit nos jeunes
gens, il nous ravit même nos femmes et les entraîne dans
son antre... Ah, le vieux Minotaure! Que ne nous a-t-il
déjà coûté! Chaque année, on lui amène par trains entiers
les plus beaux jeunes gens et les plus belles jeunes filles,
dans son labyrinthe, afin qu'il les dévore... Chaque année,
toute l'Europe s'écrie en chœur : « En route pour la Crète!
En route pour la Crète [3]! »

SECOND POST-SCRIPTUM

Ma lettre, à ce qu'il semble, prête à malentendu. Sur certains visages se dessine l'expression de la gratitude; je perçois même une timide jubilation. Je préférerais, ici comme sur beaucoup de points, être compris. Mais depuis que, dans les vignes de l'esprit allemand, un nouvel animal exerce ses ravages, je veux parler du « Ver du Reich », plus connu sous le nom de *Rhinoxera*[1], on ne comprend plus un mot à ce que je dis. La *Kreuzzeitung*[2] elle-même l'atteste, sans parler du *Litterarisches Centralblatt*[3]. J'ai donné aux Allemands les livres les plus profonds qu'ils possèdent : raison suffisante pour que les Allemands n'y entendent goutte... Si, dans *ces* pages-ci, je pars en guerre contre Wagner — et, incidemment, contre un certain « goût » allemand — si j'ai pour le crétinisme de Bayreuth des mots un peu durs, rien n'est plus éloigné de mes intentions que de célébrer un *autre* musicien, quel qu'il soit. En face de Wagner, aucun *autre* musicien ne compte. C'est sans espoir. Le déclin est général. Les atteintes du mal sont profondes. Si le nom de Wagner reste celui qui symbolise la *ruine de la musique*, comme celui du Bernin symbolise la ruine de la sculpture[4], il n'est pourtant pas la cause première de cette ruine. Il n'a fait qu'en accélérer le *tempo* — d'une telle manière, il est vrai, que l'on a l'impression d'assister, horrifié, à une chute presque subite dans les abîmes. Il avait la naïveté de la *décadence** : c'était là sa supériorité. Il croyait à la *décadence**, aucune de ses conséquences logiques ne l'arrêtait. Les autres *hésitent*, c'est ce qui les distingue. Et c'est bien la seule différence !... Ce que Wagner et « les autres » ont en commun, je m'en vais l'énumérer : c'est la dégénérescence de la force d'orga-

---

* En français dans le texte.

nisation, le mauvais usage des moyens traditionnels, sans les pouvoirs qui les *justifient*, sans la conformité à une fin ; c'est le faux-monnayage dans l'imitation des grandes formes, pour lesquelles aujourd'hui personne n'est assez fort, assez fier, assez sûr de soi, assez *sain* ; c'est l'excès de vie dans les plus petites choses, le sentiment à tout prix, le raffinement, expression de la vie *appauvrie :* de plus en plus de nerfs au lieu de chair. — Je ne connais aujourd'hui qu'un seul musicien qui soit encore capable de tailler une « ouverture » *dans la masse* — et personne ne le connaît [1]... Tous ceux qui sont célèbres font, comparés à Wagner, une musique qui n'est pas « meilleure », mais plus indécise, mais plus indifférente : — plus indifférente, car ce qui n'est qu'à moitié est éliminé par la seule *existence* de la *totalité*. Or Wagner était *totalement ;* or, Wagner était la corruption totale ; or, Wagner était le courage, la volonté, la *conviction* dans la corruption — qu'est-ce, à côté, qu'un Johannes Brahms ?... Sa fortune repose sur une malentendu typiquement allemand : on l'a pris pour l'antagoniste de Wagner, — on *voulait* à tout prix un antagoniste ! — Cela ne fait pas une musique nécessaire, cela fait surtout *beaucoup trop* de musique ! Lorsqu'on n'est pas riche, il faut avoir assez de fierté pour être pauvre !... La sympathie que Brahms inspire indiscutablement par endroits, en dehors de tout intérêt de parti, de tout malentendu de parti, est longtemps restée pour moi une énigme, jusqu'au jour, où, presque par hasard, j'ai découvert qu'il agissait sur un type humain bien précis. Il a la mélancolie de l'impuissance. Il ne crée *pas* par surabondance de richesse, il a *soif* de richesse. Si l'on fait abstraction de ce qu'il a imité, de ce qu'il a emprunté aux grands styles anciens, ou aux formes exotico-modernes [2] — car il est maître dans l'art de copier —, ce qui lui reste en propre, c'est la *nostalgie*... C'est ce que pressentent les nostalgiques, les insatisfaits de tout poil. Il est trop peu une personnalité, un centre de rayonnement... C'est ce que comprennent les « impersonnels », les « périphériques », et c'est pour cela qu'ils l'aiment. Il est en particulier le musicien d'une catégorie de femmes frustrées. Cinquante pas plus loin, on trouve la Wagnérienne — de même que cinquante pas au-delà de Brahms, on trouve Wagner —, la Wagnérienne, un type plus prononcé, plus intéressant, et surtout plus *gracieux*. Brahms est émouvant tant qu'il rêve en secret ou pleure sur lui-même — en cela, il est « moderne » ; il devient froid, il cesse de nous toucher dès qu'il *recueille l'héritage* des classiques... On aime à appeler Brahms *l'héritier* de Beethoven : je ne connais pas d'euphémisme plus prudemment réservé. Tous ceux qui, aujourd'hui, dans la musique, prétendent au « grand style », sont, par cela même, soit malhonnêtes envers nous, *soit* malhonnêtes envers eux-mêmes. Cette alternative donne à penser : elle implique toute une casuistique sur la valeur des deux éventualités. « Malhonnêtes envers nous » : voilà contre quoi protestent, d'instinct, la plupart des gens — ils ne veulent pas être dupés. Pour mon compte, je préférerais encore ce type à l'autre (« malhonnêtes envers eux-mêmes »). C'est là *mon* goût à moi. Ou, pour être clair, à l'intention des « pauvres en esprit » : Brahms *ou* Wagner?... Brahms n'est *pas* un comédien. — Le cas de Brahms résume celui d'une bonne partie des *autres* musiciens. Je ne dirai pas un mot des malins singes qui copient Wagner, par exemple de Goldmark [1] : avec sa *Reine de Saba*, il n'a plus qu'à s'exhiber dans une ménagerie, il aurait du succès. — Ce qui, de nos jours, peut être bien fait, magistralement fait, c'est, et c'est exclusivement, tout ce qui est petit. La probité n'est plus possible que là. — Mais *pour* l'essentiel, rien ne saurait guérir la musique *de* l'essentiel, de la fatalité d'exprimer la contradiction physiologique, bref, d'être *moderne*. Le meilleur enseignement, l'apprentissage le plus consciencieux, la connaissance la plus intime, même la réclusion la plus complète en compagnie des grands maîtres du passé — tout cela reste un palliatif, ou, plus rigoureusement, est *illusoire*, car on n'a plus, dans ses fibres, les dispositions nécessaires : que ce soit la race puissante d'un Haendel, que ce soit l'animalité débordante d'un Rossini [2]. Tout le monde n'a pas *droit* à n'importe quel maître : cela vaut pour des époques entières. — En soi, on ne peut exclure la possibilité que subsistent encore, quelque part en Europe, des *vestiges* de races plus fortes, d'hommes typiquement « étrangers à leur temps [*] ». Pour la musique aussi, on pourrait en attendre une beauté, une perfection *à retardement*. Mais, même dans le cas le plus favorable, ce que nous en connaîtrons, ce ne seront jamais que des exceptions. Aucun dieu ne préservera la musique de la *règle* qui veut que la corruption l'emporte, que la corruption soit fatale.

---

[*] L'expression employée ici *(unzeitgemäss)*, est celle que l'on traduit traditionnellement par « inactuel » ou « intempestif », et dont le sens apparaît bien dans ce contexte. (N.D.T.)

ÉPILOGUE

Évadons-nous enfin, pour respirer un instant, hors de ce monde borné auquel toute question sur la valeur des *personnes* condamne l'esprit. Après s'être si longtemps occupé du « cas » Wagner, un philosophe éprouve le besoin de se laver les mains. Je vais donner ma conception de la *modernité*. Chaque époque possède, dans la part de force qui lui échoit, le critère des vertus qui lui sont permises et de celles qui lui sont défendues. Ou bien elle a les vertus de la vie *montante;* alors, pour des raisons très profondes, elle résiste de toutes ses forces aux vertus de la vie déclinante. Ou bien elle est elle-même vie déclinante — elle a alors besoin des vertus du déclin, et déteste tout ce qui ne se justifie que par la plénitude, par la surabondance de forces. L'esthétique est indissolublement liée à des conditions biologiques : il y a une esthétique de la *décadence**, il y a une esthétique classique. Le « beau en soi » est pure chimère, comme tout l'idéalisme. — Dans la sphère plus étroite de ce qu'on appelle les valeurs morales, il n'est pas de plus grand contraste que celui entre une *morale des Seigneurs* et la morale des valeurs chrétiennes. Cette dernière, qui pousse sur un terrain totalement morbide (les Évangiles nous montrent exactement les mêmes types physiologiques que ceux décrits dans les romans de Dostoïevski [1]). La morale des Seigneurs (ou morale « romaine », « païenne », « classique », « Renaissance ») étant bien au contraire le langage symbolique de la réussite physique, de la vie *montante*, de la « volonté de puissance » en tant que principe de vie. La morale des Seigneurs dit *oui* tout aussi instinctivement que la morale chrétienne dit *non* (« Dieu », l' « au-delà », l' « abnégation », autant de négations). La première dispense un peu de sa richesse aux choses — elle transfigure le monde, l'embellit, l'*imprègne*

---

*En français dans le texte.

de raison — la seconde appauvrit, décolore, enlaidit la valeur des choses, elle *dit non* au monde. Le « monde » est dans le vocabulaire chrétien un terme péjoratif. Ces formes opposées dans l' « optique » des valeurs sont *toutes deux* nécessaires : ce sont deux manières de voir, sur lesquelles les arguments et les réfutations n'ont aucune prise. On ne réfute pas le christianisme, on ne réfute pas une maladie des yeux. Que l'on ait combattu le christianisme comme une philosophie, ce fut bien là le sommet de la stupidité des lettrés. Les notions de « vrai » et de « faux » n'ont, ce me semble, aucun sens en optique. Ce contre quoi il faut se défendre, c'est la mauvaise foi et la duplicité instinctives qui refusent de percevoir ces antithèses comme antithétiques : telle était par exemple la volonté de Wagner, qui en ce genre de malhonnêteté, avait atteint une grande maîtrise. Guigner du côté de la morale des Seigneurs, de la morale aristocratique (dont la saga islandaise est sans doute le témoignage le plus significatif), tout en n'ayant à la bouche que la doctrine adverse, celle de l' « Évangile des Humbles [1] », du *besoin* de rédemption !... Soit dit en passant, j'admire l'humilité des chrétiens qui se rendent à Bayreuth. Pour moi, je ne supporterais pas certaines paroles, venant de la bouche de Wagner. Il est des notions qui n'ont *rien* à faire à Bayreuth... Comment? Un christianisme plus ou moins arrangé au goût des Wagnériennes, peut-être même *par* des Wagnériennes, car, sur ses vieux jours, Wagner était tout à fait *feminini generis* —?... Répétons-le, les chrétiens d'aujourd'hui me semblent trop accommodants. Si Wagner était chrétien, alors Liszt était sans doute Père de l'Église! Pareils pitres n'ont strictement rien à voir avec la soif de rédemption, qui résume toutes les aspirations chrétiennes : c'est la forme d'expression la plus sincère, de la *décadence* *, c'est la manière la plus *convaincue*, la plus douloureuse, de l'accepter passionnément dans les symboles et des pratiques sublimes. Le chrétien veut *en finir* avec son moi. « *Le moi est toujours haïssable* *[2]. » La morale aristocratique, la morale des Seigneurs, a, au contraire, ses racines dans une acceptation triomphante du *moi :* elle est auto-affirmation, autocélébration de la vie, elle a aussi besoin de symboles et de pratiques sublimes, mais seulement « parce que son cœur déborde [3] ». Tout art vraiment *beau*, tout art vraiment *grand*, ressortit à cette

---

* En français dans le texte.

catégorie : leur essence commune est la gratitude. On ne peut inversement le concevoir sans une aversion instinctive *contre* les *décadents* *, un mépris sarcastique, et même une sorte d'horreur pour toute leur symbolique : c'en est presque la preuve la plus sûre. Le Romain de qualité sentait dans le christianisme la *foeda superstitio* [1]: je ne ferai que rappeler ce que le dernier Allemand de goût distingué, Goethe [2], ressentait devant la Croix. C'est en vain que l'on chercherait oppositions plus précieuses, plus *nécessaires* ** [3]...

— Mais une imposture comme celle de Bayreuth n'a, de nos jours, rien d'exceptionnel. Nous connaissons tous la notion éminemment inesthétique de « hobereau chrétien ». Cette *inconscience* dans la contradiction des termes, cette « bonne conscience » dans le mensonge est *par excellence* * *moderne*, elle suffit presque à définir la modernité. Biologiquement, l'homme moderne incarne une *contradiction des valeurs*, il est assis entre deux chaises, il dit, d'un seul souffle, *oui* et *non*. Faut-il s'étonner que ce soit précisément de nos jours que la Fausseté se soit faite chair, et même... génie? Que Wagner ait « habité parmi nous [5] »? Ce n'est pas sans de bonnes raisons que j'ai appelé Wagner « le Cagliostro de la modernité [6] »... Mais nous avons tous deux dans les veines, à notre insu et malgré nous, des velléités, des valeurs, un vocabulaire, des formes et des formules, des normes et des morales d'origines diverses et *adverses* — nous sommes, physiologiquement parlant, *faux*... Pour porter un diagnostic sur l'âme moderne — par où devrait-on commencer? Par un coup de bistouri résolu dans cette inconciliable opposition des instincts, par une mise à nu de leurs valeurs en conflit, par une vivisection entreprise sur le cas clinique le plus *révélateur*. Pour le philosophe, le cas Wagner est plus qu'un cas d'espèce, c'est une véritable aubaine! — Ces pages, on l'aura compris, sont dictées par la reconnaissance [7]...

---

* En français dans le texte.
** *Remarque:* Sur l'opposition entre « morale aristocratique » et « morale chrétienne », c'est *La Généalogie de la Morale* qui a apporté les premières lumières. Il n'y a peut-être pas de tournant plus décisif dans l'histoire des connaissances morales et religieuses. Ce livre, ma pierre de touche pour tous ceux qui sont de mon bord, a la chance de n'être accessible qu'aux esprits les plus élevés et les plus exigeants : les *autres* n'ont pas d'oreilles pour entendre ce que je dis. Il faut mettre sa passion dans les choses où personne ne la met aujourd'hui [4]... (Note de Nietzsche.)

NIETZSCHE CONTRE WAGNER
DOSSIER D'UN PSYCHOLOGUE

AVANT-PROPOS [1]

Les chapitres qui suivent ont tous été choisis, non sans circonspection, parmi des écrits plus anciens — quelques-uns remontent à 1877 —, peut-être explicités ici ou là; mais surtout abrégés. Pour qui les lit dans l'ordre, ils ne laisseront aucun doute, ni sur moi, ni sur Wagner : nous sommes deux antipodes. On comprendra aussi, entre autres, qu'il s'agit là d'un essai à l'intention des psychologues, mais *non* des Allemands... Mes lecteurs sont un peu partout : à Vienne, à Saint-Pétersbourg, à Copenhague, à Stockholm, à Paris, à New York, mais ils ne sont *pas* dans ce « pays plat » de l'Europe qu'est l'Allemagne [2]... Et j'aurais deux mots aussi à dire en confidence à Messieurs les Italiens, que j'*aime*, tout autant que je... *Quousque tandem, Crispi*... Quant à la « Triple Alliance [3] » : l'alliance d'un peuple intelligent avec le « Reich » ne sera jamais qu'une *mésalliance* *...

Friedrich Nietzsche.

Turin, Noël 1888.

---

* En français dans le texte.

LÀ OÙ J'ADMIRE [1]

Je crois que, bien souvent, les artistes ne savent pas ce qu'ils réussissent le mieux : ils sont bien trop vains pour cela. Ils n'ont en tête que des objets plus ambitieux que ne leur semblent être ces petites plantes originales, rares et belles qui s'arrangent pour pousser sur leur sol dans une réelle perfection. Ce qu'en fin de compte, leur vigne, ou leur potager, produit de bon, ils le méprisent : leur lucidité n'est pas à la hauteur de leur amour. Voici, par exemple un musicien qui, plus qu'aucun autre, est passé maître dans l'art de tirer des accents du monde des âmes souffrantes, opprimées, torturées, et de prêter une voix à la détresse muette. Nul ne l'égale dans les nuances de l'automne tardif, dans le bonheur indiciblement émouvant des derniers, des ultimes, des plus brefs plaisirs; il connaît les sons qui expriment ces ténébreuses et troublantes minuits de l'âme, où cause et effet semblent échapper à toute loi, et où, à chaque instant, quelque chose peut naître du « néant ». Mieux que personne, il sait puiser dans les couches les plus profondes de la félicité humaine, et pour ainsi dire dans sa lie, lorsque la coupe est bue, là où à bonne et à mauvaise fin, les gouttes les plus âcres et les plus écœurantes sont intimement mêlées aux plus suaves. Il connaît cette manière qu'a l'âme de se traîner; lorsqu'elle n'a plus la force de courir et de voler, ni même de marcher : il a le regard ombrageux de la douleur cachée, de l'inconsolable compréhension, des adieux sans aveux... Orphée de toute détresse cachée, il est, en cela, sans rival. C'est même par lui qu'ont été annexées à l'art bien des choses qui passaient jusqu'alors pour inexprimables ou indignes de l'art — par exemple, les cyniques révoltes dont seul est capable celui qui est allé jusqu'au fond de la souffrance,

de même que bien de ces infimes recoins, de cet infiniment
petit de l'âme, qui sont comme les écailles de cet être amphibie [1]... Certes il est le *maître* incontesté du minuscule. Mais
il ne veut pas l'admettre ! Par tempérament, il préfère les
amples surfaces et les vastes fresques brossées à grands
traits !... Il lui échappe que son esprit a un autre goût, une
autre pente naturelle, une optique diamétralement opposée,
et qu'il est plus fait pour hanter en silence les recoins des
maisons effondrées : là, à l'abri de tous les regards, et même
du sien, il peint ses chefs-d'œuvre, qui sont tous très courts,
qui souvent ne durent qu'une mesure — c'est là, et peut-
être seulement là, qu'il devient vraiment bon, grand et
accompli. Wagner est quelqu'un qui a profondément souffert — c'est sa *supériorité* sur les autres musiciens. J'admire
Wagner partout où il se met *lui-même* en musique [2].

LÀ OÙ JE TROUVE À REDIRE [1]

Cela ne signifie nullement que je tienne cette musique pour saine, et surtout pas chaque fois qu'elle parle de Wagner [2]. Mes objections contre la musique de Wagner sont d'ordre physiologique : pourquoi chercher encore à les travestir sous des formules esthétiques? L'esthétique n'est en fait qu'une physiologie appliquée. Ce qui pour moi est un *fait*, mon « *petit fait vrai* *[3] », en somme, c'est que j'ai peine à respirer dès que cette musique agit sur moi; que mon *pied* aussitôt s'irrite et se révolte contre elle; c'est qu'il a besoin de cadence, de danse, de marche (or, au son du « Kaisermarsch » de Wagner, même le jeune Kaiser serait bien en peine de marcher au pas!) — c'est qu'il exige avant tout de la musique l'ivresse de *bien* marcher, de *bien* aller au pas, de bien danser. Mais mon estomac ne proteste-t-il pas lui aussi? Et mon cœur? Ma circulation sanguine? Mes entrailles ne s'affligent-elles pas? Est-ce que, sans y prendre garde, je ne m'enroue pas?... Pour écouter Wagner, j'ai besoin de *Pastilles Géraudel* *[4]... Cela m'amène à poser la question suivante : qu'attend donc de la musique mon corps tout entier? *Car* l'âme, cela n'existe pas [5]... Je pense que c'est de *s'alléger*. C'est comme si toutes les fonctions animales avaient besoin d'être stimulées par des rythmes légers, hardis, pleins d'allant, assurés; comme si l'or des mélodies tendres, onctueuses, libérait de sa pesanteur la vie d'airain et de plomb. Ma mélancolie entend trouver le repos dans les réduits et les abîmes de la *perfection* : c'est pour cela que j'ai besoin de la musique. Mais Wagner rend malade — que m'importe, *à moi*, le théâtre? Que m'importent les transes de ses extases « morales », dont le peuple

* En français dans le texte.

se contente — et, « peuple », qui ne l'est [1] ? Que m'importent les mille tours et contorsions du comédien ? — Comme on le voit, j'ai un tempérament foncièrement antithéâtral, j'ai pour le théâtre, *l'art de masse* [2] *par excellence*, le mépris outrageant que lui voue, aujourd'hui, du fond du cœur, tout artiste véritable. *Succès* au théâtre ? On baisse dans mon estime à tout jamais. *Insuccès ?* Voilà qui me fait dresser l'oreille et m'inspire du respect [3]... Wagner, tout au contraire, *à côté* du Wagner qui a écrit la musique la plus solitaire qui soit [4], était en outre essentiellement un homme de théâtre et un comédien, le « mimomane » le plus enthousiaste peut-être qu'il y ait jamais eu ; et ce, même comme *musicien*.... Et, soit dit en passant, si la théorie de Wagner était que « le drame est la fin, la musique n'est jamais que le moyen », sa *pratique*, par contre, n'a cessé d'être que « l'attitude est la fin, tandis que le drame, et la musique aussi, n'en sont jamais que les moyens ». La musique conçue comme moyen d'expliciter, de renforcer, d'intérioriser le geste dramatique et l'exhibitionnisme sensuel ; le drame wagnérien tout entier n'est que prétexte à une débauche d'attitudes intéressantes ! — A côté de bien d'autres instincts, il avait, en toute occasion, les instincts *dominateurs* d'un grand comédien, et, répétons-le, en tant que musicien aussi. Un jour, non sans mal, j'ai réussi à le démontrer, avec toute la clarté voulue, à un Wagnérien *pur sang* *
— et pourtant, Dieu sait si clarté et wagnérisme font mauvais ménage ! Je n'en dirai pas plus long [5]. J'aurais eu des raisons d'ajouter : « Soyez donc un peu plus honnête envers vous-même ! Nous ne sommes pas à Bayreuth. A Bayreuth [6], on n'est honnête que collectivement, individuellement, on ment, on se ment à soi-même. Quand on va à Bayreuth, on laisse son vrai moi à la maison, on renonce au droit de décider et de parler librement, on renonce à son propre goût, et même à son courage, tel qu'on le possède et l'exerce entre quatre murs envers Dieu et le monde [7]. Personne n'apporte au théâtre les sens les plus affinés de son art, et surtout pas l'artiste qui travaille pour la scène. La solitude y manque, et la perfection ne souffre pas de témoins... Au théâtre, on devient plèbe, troupeau, femme, pharisien, bétail électoral, marguillier de paroisse, imbécile, *Wagnérien* : là, la conscience la plus personnelle succombe à la magie niveleuse du grand nombre, là, le voisin est roi, là on devient soi-même un *voisin* [8]... »

---

* En français dans le texte.

INTERMEZZO [1]

Je n'ajouterai qu'un mot, à l'intention des oreilles élues : ce que, *quant à moi*, j'attends exactement de la musique. Qu'elle soit gaie et profonde, comme un après-midi d'octobre. Qu'elle soit personnelle, folâtre, tendre, une douce petite femme, pleine de malice et de grâce... Je n'admettrai jamais qu'un Allemand *puisse* seulement savoir ce qu'est la musique. Ceux que l'on nomme les musiciens allemands, à commencer par les plus grands, sont tous des *étrangers*, Slaves, Croates, Italiens, Néerlandais — ou Juifs... ou, si ce n'est le cas, ce sont des Allemands de la forte race, de la race allemande maintenant *éteinte*, tels que Heinrich Schütz, Bach et Haendel. Quant à moi, je suis encore assez Polonais pour cela, je donnerais pour Chopin tout le reste de la musique : j'en excepte, pour trois raisons différentes, *Siegfried Idyll* de Wagner, peut-être Liszt, qui par ses nobles accents orchestraux, l'emporte sur tous les autres ; enfin, tout ce qui a poussé de l'autre côté des Alpes, je veux dire *de ce côté-ci*... Je ne saurais me passer de Rossini, et moins encore de ce qui est en musique *mon* Midi à moi, mon maestro vénitien Pietro Gasti. Et quand je dis « de l'autre côté des Alpes », je ne songe en fait qu'à Venise. Quand je cherche un synonyme à « musique », je ne trouve jamais que le nom de Venise. Je ne fais pas de différence entre la musique et les larmes — je ne peux imaginer le bonheur, le Midi, sans un frisson d'appréhension.

> Récemment, près d'un pont,
> dans la nuit brune j'attendais.
> Au loin, un chant,
> gouttes d'or perlant
> sur le miroir tremblant, emportées.

Gondoles, lumières et musique,
ivres, partaient se perdre dans la nuit...

Mon âme, un luth
pincé d'une invisible main,
se chanta pour l'accompagner tout bas
un chant de gondolier,
tremblant de trouble félicité.
— Quelqu'un l'écoutait-il ?[1]

WAGNER CONSIDÉRÉ COMME UN DANGER

1 [1].

L'intention poursuivie par la musique moderne dans ce qu'on nomme maintenant avec autant de force que d'imprécision « mélodie continue », il faut, pour la comprendre, s'imaginer que l'on entre dans la mer, perd pied peu à peu, et pour finir, s'en remet à la merci des éléments : il ne reste alors plus qu'à *nager*. Dans la musique ancienne, il fallait faire tout autre chose [2], en des évolutions gracieuses ou solennelles, ou ardemment passionnées, vives et lentes tour à tour : il fallait *danser*. La mesure, qui obligeait à suivre certains accents de temps et d'intensité de valeur égale, exigeait de l'âme de l'auditeur une constante *pondération*. C'était le contraste entre ce courant d'air frais né de la pondération, et le souffle tiède de l'enthousiasme, qui faisait le charme puissant de toute *bonne* musique. Richard Wagner a voulu un mouvement différent. Il a bouleversé toutes les conditions physiologiques de la musique. Nager, planer, au lieu de marcher, de danser... Peut-être cette formule exprime-t-elle l'essentiel... La « mélodie continue » *veut* justement briser cette régularité harmonieuse des temps et des intensités, elle se permet même à l'occasion de la tourner en dérision, — elle trouve sa richesse d'invention dans ce qui, pour une oreille moins jeune, sonne, quant au rythme, comme outrage et paradoxe. Si l'on imitait un tel goût, s'il devenait dominant, il en résulterait pour la musique le danger de tous le plus grave : la totale dégénérescence du sens du rythme, le *chaos* à la place du rythme... Le danger s'aggrave encore lorsqu'une telle musique s'appuie de plus en plus étroitement sur un art tout naturaliste de l'histrion et du mime, qui n'est plus régi par aucune loi de la plastique, et qui recherche l'*effet*, rien de plus...

L'espressivo à tout prix, et la musique mise au service de l'attitude, esclave de l'attitude — c'est bien la *fin de tout* [1]...

2 [2].

Comment! La première vertu de l'interprétation musicale serait-elle vraiment, comme semblent le croire aujourd'hui la plupart des interprètes, d'atteindre à tout prix à une sorte de « *haut-relief* » * insurpassable [3]? N'est-ce pas, si l'on applique par exemple ce principe à Mozart, le péché même contre l'esprit de Mozart, l'esprit d'une gaîté sereine, rêveuse, tendre, amoureuse, de ce Mozart qui, Dieu merci, n'était pas allemand, et dont le sérieux était plein d'or et de bonté, *non* le sérieux d'un brave et lourd Allemand... Pour ne pas parler du sérieux du « Convive de pierre »... Mais vous semblez croire que *toute* musique est musique du « Convive de pierre », que *toute* musique doit surgir du mur et secouer l'auditeur jusque dans ses entrailles?... A vous en croire, ce n'est qu'ainsi que la musique *agit*? Mais sur *qui* agit-elle? Ceux-là précisément sur qui un artiste *aristocratique* ne doit jamais agir : sur la masse! Sur les impubères! Sur les blasés! Sur les malades! Sur les imbéciles! En un mot, sur les *Wagnériens* [4]!...

---

* En français dans le texte.

UNE MUSIQUE SANS AVENIR [1]

De tous les arts qui réussissent à pousser sur le sol d'une culture donnée, la musique est la dernière des plantes à percer, peut-être parce qu'elle est la plus intériorisée, et, par conséquent, celle dont la saison est la plus tardive — c'est l'automne et la défloraison de cette culture. L'âme du Moyen Age chrétien n'a trouvé son ultime expression que dans l'art des maîtres néerlandais : leur architecture musicale est la sœur posthume, mais légitime et égale en droits, de l'art gothique. Ce n'est que dans la musique de Haendel que prit forme musicale ce qu'il y avait de meilleur dans l'âme de Luther et des siens, cet accent judéo-héroïque qui a donné à la Réforme un souffle de grandeur : l'Ancien Testament fait musique, *non* le Nouveau. Mozart, le premier, a restitué en or *sonnant* l'acquis du siècle de Louis XIV et de l'art d'un Racine et d'un Claude Lorrain. C'est dans la musique de Beethoven et de Rossini qu'expire mélodieusement le XVIIIe siècle, le siècle de la rêverie, de l'idéal brisé, du *fugace* bonheur. Toute musique vraie, toute musique originale, est un chant du cygne. — Peut-être notre musique moderne, quel que soit son empire — et sa tyrannie, n'a-t-elle plus devant elle qu'un court laps de temps; car elle a surgi d'une culture dont le sol miné s'enfonce rapidement, d'une culture bientôt *engloutie*. Elle suppose un certain catholicisme du sentiment et une complaisance pour je ne sais quels génies ou mauvais génies domestiques et légendaires appelés « nationaux ». La manière dont Wagner s'est approprié des légendes et des chants anciens où les préjugés des érudits nous ont appris à voir quelque chose de « germanique » *par excellence*[*] (nous en rions aujourd'hui!) — la manière dont il a ranimé ces monstres scandinaves, leur

---

[*] En français dans le texte.

insufflant une soif de sensualité exaltée et de mortification des sens — toute cette manière qu'a Wagner de prendre et de donner, quant aux sujets, aux personnages, aux passions et aux nerfs, tout cela exprime clairement l'*esprit de sa musique*, à supposer que celle-ci (et toute musique), sache parler d'elle-même sans ambiguïté, car la musique est *femme*... Pour juger de cet état de choses, il ne faut pas se laisser égarer par le fait que nous vivons actuellement une réaction *à l'intérieur* de la réaction. L'ère des guerres nationales, du martyre ultramontain, tout cet aspect d'*entre-acte* qui caractérise la situation présente de l'Europe, tout cela peut en fait procurer à un art tel que celui de Wagner une gloire soudaine, sans lui assurer pour autant un *avenir*. Les Allemands eux-mêmes n'ont pas d'avenir...

NOUS, LES ANTIPODES [1]

On se rappelle peut-être, du moins parmi mes amis, qu'à mes débuts je me suis jeté dans ce monde armé de quelques erreurs et exagérations de jugement, mais en tout cas, plein de grandes *espérances*. Je voyais — qui sait à la suite de quelles expériences personnelles — dans le pessimisme philosophique du XIXe siècle comme le symptôme d'une force de pensée plus élevée, d'une richesse de vie plus triomphante que n'en exprime la philosophie de Hume, de Kant et de Hegel [2]. Je prenais la connaissance *tragique* pour le plus beau luxe de notre civilisation, pour une forme supérieurement exquise, élégante et périlleuse de prodigalité, mais pensais cependant que ce luxe lui était *permis*, tant elle était opulente. De même, je tirais à moi la musique de Wagner [3], en y voyant l'expression d'une puissance dionysiaque de l'âme [4] : je croyais y entendre gronder le tremblement de terre qui libérerait enfin la force originelle endiguée depuis la nuit des temps, me souciant peu de savoir si tout ce que nous appelons culture s'en trouverait ébranlé jusque dans ses fondations. On voit ce que je méconnaissais. On voit même *ce que j'offrais* en tribut à Wagner et à Schopenhauer : moi-même [5] et [6]... Tout art, toute philosophie peut être considéré comme remède et adjuvant de la vie montante ou de la vie déclinante : l'un et l'autre présupposent toujours l'existence de la souffrance et d'êtres qui souffrent. Mais ces derniers appartiennent à deux catégories bien distinctes : d'une part ceux qui souffrent d'une *surabondance* de vie, qui veulent un art dionysiaque, une vision tragique qui pénètre intimement la vie, et l'embrasse tout entière ; ceux, d'autre part, qui souffrent d'un *appauvrissement* de la vie, et qui exigent de l'art et de la philosophie le calme, le silence, la mer lisse, *ou bien* alors l'ivresse, la convulsion, l'étourdissement. Se venger de la vie en s'en prenant à la vie même : c'est là, pour ces appauvris, l'ivresse la plus voluptueuse... Wagner, tout comme Schopenhauer, répond au double besoin de ces derniers — tous ceux qui disent non à la vie : ils la dénigrent, et en cela, ils sont mes antipodes. Dionysos, homme et dieu, chez qui la surabondance de vie est la plus grande, peut se permettre plus que des spectacles terribles et inquiétants : il peut même s'offrir de terribles actions, et ce vrai luxe qu'est la destruction, la décomposition, la négation radicale : chez lui, le mal, l'absurdité, la laideur semblent tout aussi permis que dans la Nature, en raison de l'excès de forces créatrices et réparatrices capables de transformer un désert en pays de cocagne. Inversement, c'est surtout celui qui souffre le plus, celui dont la vie est le plus appauvrie, qui aurait le plus besoin, en pensée comme en acte, de douceur, de paix du cœur et de bonté, — de ce que l'on appelle maintenant « humanité »[1], et, si possible, d'un dieu qui soit précisément un dieu à l'usage des malades, un *Sauveur*. De même, il leur faudrait une logique, une existence intelligible aux pires crétins (les « libres penseurs » typiques, tout comme les « idéalistes » et les « belles âmes » sont tous des *décadents**[2]). Bref, ils ont besoin d'être enfermés dans le cercle étroit, douillet et rassurant d'horizons optimistes qui permettent l'*abêtissement*[3]... C'est sous ce jour que j'ai peu à peu appris à comprendre Épicure — tout le contraire d'un Grec dionysien —, et, de même, le chrétien[4] — qui n'est au fond qu'une sorte d'épicurien —, et qui, par son axiome « *Heureux* celui qui croit », a poussé *aussi loin que possible* le principe de l'hédonisme, bien au-delà, en tout cas, de toute probité intellectuelle... Si j'ai sur tous les autres psychologues une supériorité, c'est que mon regard est plus exercé à percer ce mode de *déduction*, le plus ardu et le plus captieux[5], source de la plupart des erreurs : la déduction qui remonte de l'œuvre à son auteur, de l'acte à l'agent, de l'idéal à celui à qui il est nécessaire, de tout mode de penser et de juger au *besoin* caché qui les régit. A l'égard des artistes de tout genre[6], je recours maintenant à cette distinction essentielle : le ressort de la création est-il chez eux la *haine* de la vie, ou la *surabondance* de vie[7]? Chez Gœthe, par exemple, c'est la surabondance qui est devenue créatrice, chez Flaubert, c'est la haine : Flaubert, une réédition de Pascal, mais en plus artiste, son critère instinctif, son grand principe étant : « *Flaubert est toujours haïssable,*

---

* En français dans le texte.

l'homme n'est rien, l'œuvre est tout * »... Il s'est torturé en écrivant comme Pascal se torturait en pensant — tous deux ne sentaient pas en égoïstes. L' « abnégation », c'est là le principe même de la *décadence* *, le « vouloir-mourir », en art comme en morale.

* En français dans le texte.

OÙ WAGNER EST À SA PLACE

Maintenant encore, la France est le siège de la culture la plus spirituelle et la plus raffinée d'Europe, la *haute*-école du goût. Encore faut-il savoir trouver cette « France du goût ». La *Norddeutsche Zeitung*, par exemple (ou plutôt ceux qui l'utilisent comme porte-voix), voit dans les Français des « barbares »... Pour mon compte, c'est dans les parages de l'Allemagne du Nord que je chercherais ce continent *noir* où il y a encore des « esclaves » à affranchir... Ceux qui appartiennent à *cette* France dont je parle se tiennent bien cachés : ils sont peut-être encore une poignée en qui cela reste vivant, et encore ne sont-ils sans doute pas très fermes sur leurs jambes : soit des fatalistes, des assombris, des malades, soit des efféminés pleins d'affectation, mettant toute leur *ambition* à être artificiels — mais ils sont en possession de tout ce qui reste de plus élevé et de plus délicat au monde. Dans cette France de l'esprit, qui est également la France du pessimisme, Schopenhauer est d'ores et déjà davantage chez lui qu'il ne l'a jamais été en Allemagne : son œuvre maîtresse déjà deux fois traduite, la deuxième fois remarquablement, au point que je préfère maintenant lire Schopenhauer en français (il fut parmi les Allemands un *accident*, tout comme je suis moi-même un accident : pour nous apprécier, les Allemands manquent de flair, de doigté — d'ailleurs ils n'ont pas de doigts, mais d'énormes pattes). — Ne parlons pas de Heinrich Heine, « *l'adorable Heine* * », comme on dit à Paris, qui a depuis longtemps été assimilé par les poètes lyriques français les plus profonds et les plus inspirés, — et son sang coule, pour ainsi dire, dans leurs veines. Quant aux ruminants allemands, qu'ont-ils à faire des *délicatesses* * d'un tel tempérament? Pour en revenir à

---

* En français dans le texte.

Richard Wagner, Paris est le vrai *terrain* qui convient à un Wagner, cela se touche du doigt — sinon de la patte! — Plus la musique française se conformera aux exigences de l'« *âme moderne* * », plus elle « wagnérisera » — elle le fait déjà bien assez [1].

Il ne faut pas, sur ce point, s'en laisser conter par Wagner lui-même : ce fut de sa part une véritable infamie que d'insulter Paris pendant son agonie, en 1871 [2]... Pourtant, en Allemagne même, Wagner n'est qu'un « mal-entendu ». Qui, par exemple, serait moins que le jeune empereur [3] capable de comprendre quoi que ce soit à Wagner? Le fait est que pour tout vrai connaisseur du mouvement culturel européen, Wagner et les Romantiques français sont inséparablement liés. Tous sont noyés jusqu'aux yeux et jusqu'aux oreilles dans la littérature (ce sont les premiers artistes européens de culture littéraire *universelle*); la plupart sont aussi eux-mêmes écrivains et poètes, jouent les entremetteurs entre les sens et les arts qu'ils entremêlent, tous fanatiques de l'*expression*, grands découvreurs dans les terres inconnues du Sublime, mais aussi du Laid et de l'Atroce; encore plus grands découvreurs dans l'ordre des effets, de l'exhibition, dans l'art de l'étalage; tous doués de talents divers, débordant largement leur génie propre; foncièrement *virtuoses*, avec d'inquiétantes dispositions pour tout ce qui séduit, attire irrésistiblement, subjugue, chavire; tous ennemis jurés de la logique et de la ligne droite, avides d'étrange, d'exotique, de monstrueux, de tous les opiums des sens et de l'intellect. Dans l'ensemble, une race d'artistes aventureux et aventuriers, superbes et brutaux, aux ambitions élevées... et d'une ambition effrénée, qui furent les premiers à enseigner à *leur* siècle — le siècle de la *masse* — ce qu'est un artiste. Mais une race *malade* [4]...

---

* En français dans le texte.

WAGNER, APÔTRE DE LA CHASTETÉ

1 [1].

— Est-ce encore allemand?
Ces transes criardes viendraient de cœurs allemands?
Des corps allemands, se macérer, se lacérer [2] ainsi?
Allemandes, ces mains de prêtres bénissants?
Ces lourdes nuées d'encens agaçant les sens?
Allemands, ces élancements, ces halètements [3], ces
[chancellements?
Ces écœurants, ces doucereux [4], ces tintinnabulants
[balancements?
Ces œillades de nonnes aux frileux grelots de l'Ave?
Ces louches extases d'yeux roulés vers un supracéleste
[ciel...

— Est-ce encore allemand?
Songez-y! Vous êtes sur le seuil...
Cet air — à défaut des paroles — vous vient de *Rome* et
[de sa *foi!*

2 [5].

Sensualité et chasteté ne sont pas forcément contradictoires : tout mariage heureux, toute sérieuse affaire de cœur se situe au-delà de cette opposition. Mais dans le cas où la contradiction existe, il ne va heureusement pas de soi qu'elle soit tragique. Voilà du moins qui devrait s'appliquer à tous les mortels accomplis de corps et de cœur, qui sont loin de compter simplement leur équilibre instable entre l'ange et la *bête* * au nombre des arguments contre

---

* N. écrit, en français, « *petite bête* » *(sic)*. (N.D.T.)

l'existence... Les plus raffinés, les plus lucides, tel Goethe, tel Hafiz, y ont bien au contraire vu un attrait supplémentaire... Ce sont justement les séductions opposées qui font la séduction de l'existence... D'un autre côté, l'on ne comprend que trop bien que les malheureux animaux esclaves de Circé, s'ils sont jamais amenés à adorer la chasteté, n'y verront et n'y *adoreront* que leur propre contradiction (hélas, on imagine avec quel excès de zèle et quel concert de tragiques grognements!). C'est cette contradiction douloureuse et totalement superflue que Wagner, sans aucun doute, a voulu mettre en musique et présenter sur scène à la fin de sa vie. *Pourquoi, et à quelle fin?* On est en droit de se le demander.

3 [1].

On ne saurait à cette occasion s'empêcher de se demander également en quoi l'intéressait cette « oie blanche » mâle (mais bien peu virile!), ce pauvre diable de Parsifal, ce bon garçon resté proche de la nature, qu'il finit, à grand renfort de moyens douteux, par rendre catholique... Ce Parsifal, doit-on même le prendre *au sérieux?* Que l'on ait pu en *rire*, ce n'est pas moi qui le nierai, et Gottfried Keller non plus [2]... On aimerait savoir que le *Parsifal* de Wagner a des intentions comiques, que c'est une sorte de drame « satyrique » tenant lieu d'épilogue, par lequel Wagner, auteur tragique, a voulu prendre congé de nous, et de lui-même, et surtout de la *tragédie*, de la seule manière qui fût digne de lui, c'est-à-dire sur une parodie — poussée à la charge — du tragique, de tout l'effrayant sérieux trop humain, des jérémiades d'autrefois, de la forme *la plus bête* qu'ait jamais prise la contre-nature enfin surmontée de l'idéal ascétique. *Parsifal* : c'est, *par excellence* * un sujet d'opérette [3]. Ce *Parsifal*, est-ce, de la part de Wagner comme un rire supérieur et secret, qui se moquerait de lui-même, est-ce le triomphe de son ultime liberté d'artiste, de sa transcendance d'artiste — est-ce un Wagner qui saurait *rire* de lui-même? On aimerait, je l'ai dit, pouvoir le croire. Car, que serait un Parsifal *pris au sérieux?* Est-il nécessaire d'y voir (ainsi que je l'ai entendu dire) « le monstre enfanté par une haine enragée de la connaissance, de l'esprit et des sens »? L'anathème prononcé d'un seul souffle, d'une seule

---

* En français dans le texte.

haine, sur les sens et l'esprit? Une apostasie, une volte-face et un retour à des idéaux chrétiens, morbides et obscurantistes? Ou enfin, une manière de se renier, de s'effacer, venant d'un artiste qui, jusqu'alors, de toute la force de sa volonté, était en quête du contraire, de la spiritualisation et de la sensualisation extrêmes de son art, — et non seulement de son art, mais aussi de sa vie? Rappelons l'enthousiasme avec lequel, en son temps, Wagner était parti sur les brisées du philosophe Feuerbach. La formule feuerbachienne de la « saine sensualité », voilà qui, alors, entre 1830 et 1840, sonnait comme une parole libératrice aux oreilles de Wagner et à celles de beaucoup d'Allemands — ils s'appelaient « Jeune Allemagne » —. S'était-il, à la fin, *convaincu* du contraire? Il semble en tout cas qu'il ait sciemment voulu *convaincre* du contraire... La *haine de la vie* s'est-elle emparée de lui comme de Flaubert?... Car *Parsifal* est une œuvre de perfidie, de basse vengeance, qui empoisonne en secret les sources de la vie. C'est une *œuvre mauvaise*. Prêcher la chasteté, c'est inciter à la contre-nature. Je méprise quiconque ne ressent pas *Parsifal* comme un outrage aux mœurs [1] et [2]...

COMMENT JE ME SUIS AFFRANCHI DE WAGNER

1 [1].

C'est dès l'été 1876, alors que le premier festival battait son plein, que j'ai, en mon for intérieur, pris congé de Wagner. Je ne supporte rien d'équivoque; or, depuis que Wagner était en Allemagne, il s'abaissait peu à peu à tout ce que je méprise — et même à l'antisémitisme [2]... En fait, il était alors grand temps pour moi de me séparer de lui : j'en eus très vite la preuve. Richard Wagner, en apparence au faîte du triomphe, en réalité un *décadent* * [3] miné par le désespoir, s'effondra soudain, éperdu et brisé, au pied de la Croix des chrétiens... Aucun Allemand n'eut-il donc d'yeux pour voir, de pitié pour ressentir douloureusement cet affreux spectacle? Ai-je été le seul à *souffrir* par et pour lui? Bref, cette catastrophe inattendue m'a, en un éclair dévoilé l'endroit que je venais de quitter, et donné ce frisson rétrospectif que l'on ressent toujours lorsque l'on est passé sans le savoir à travers un immense danger. Quand je repris ma marche solitaire, je tremblais; peu après, je tombai malade, plus que malade, *las*, las à mourir d'être si radicalement déçu par tout ce qui nous restait à nous, hommes modernes, pour nous enthousiasmer, par toute cette force, tout ce travail, tout cet espoir, toute cette jeunesse, tout cet amour systématiquement *gaspillés;* las à mourir, de dégoût pour cette hypocrisie idéaliste et ce ramollissement de la conscience qui, une fois de plus, avaient eu raison de l'un des plus audacieux, las, enfin, ce n'était pas mon moindre grief, du torturant, de l'implacable pressentiment que je serais maintenant condamné à une méfiance plus profonde, à un plus profond mépris, à une *solitude* plus profonde que jamais.

* En français dans le texte.

Car je n'avais jamais eu personne d'autre que Richard Wagner [1]. J'ai toujours été *condamné* aux Allemands [2]...

2 [3].

Seul désormais, et me défiant cruellement de moi-même, je pris alors, la rage au cœur, parti *contre* moi-même, et *pour* tout ce qui me faisait mal et m'était pénible : c'est ainsi que je retrouvai le chemin de cet intrépide pessimisme qui est à l'opposé de tout mensonge idéaliste [4], et, à ce qu'il me semble, le chemin de mon *moi*, de *ma* tâche... Ce quelque chose de tyrannique et de secret pour lequel nous ne connaissons longtemps pas de nom, jusqu'à ce qu'il s'avère être notre tâche — ce tyran en nous prend une terrible revanche pour chaque tentative que nous faisons de nous en évader ou de nous y soustraire, pour tout compromis prématuré, pour tout alignement sur ceux qui ne sont pas de notre rang, pour toute activité, aussi honorable soit-elle, qui nous détourne de l'essentiel — et même pour toute vertu qui pourrait nous protéger de la rigueur de notre responsabilité la plus intime. La maladie, telle est la riposte, chaque fois que nous doutons de la légitimité impérative de *notre* tâche, chaque fois que nous nous mettons, d'une manière ou d'une autre, à vouloir *alléger* notre tâche. Chose étrange autant qu'effrayante ! Ce que nous expions le plus durement, c'est d'avoir voulu nous *alléger* ! Et si nous voulons par la suite retrouver la santé, nous n'avons pas le choix : il nous faut nous charger d'un fardeau *plus lourd* que jamais par le passé...

LE PSYCHOLOGUE PREND LA PAROLE

1 [1].

Plus un psychologue, un psychologue-né, s'entend, un infaillible sondeur d'âmes, se tourne vers les cas et les individus les plus exceptionnels, plus grand est pour lui le danger d'être accablé par la pitié. Plus que personne, il a *besoin* de dureté et de sérénité. La règle est en effet [2] que les hommes supérieurs se corrompent et courent à leur perte : il est terrible d'avoir constamment cette règle sous les yeux. L'incessant martyre du psychologue qui a découvert cette ruine inexorable, qui a découvert une fois pour toutes et redécouvre *presque* chaque fois le caractère essentiellement « incurable » du mal, qui, dans toute l'histoire, frappe les hommes supérieurs, ce sentiment de « trop tard », dans tous les sens, voilà qui pourrait bien un jour devenir la cause de sa *propre* perte... On observera chez presque chaque psychologue une inclination révélatrice à ne fréquenter que des êtres communs et rangés : cela trahit qu'il a toujours besoin d'une cure, qu'il cherche l'évasion et l'oubli, loin de ce que découvre le scalpel de son regard, bref de tout ce que son *métier* lui fait peser sur la conscience. La peur de sa propre mémoire est son trait dominant. Devant le jugement des autres, il est condamné au mutisme, il écoute, impassible, comme on respecte, admire, aime, transfigure, là où lui a tout simplement *vu*. Ou bien encore, il déguise jusqu'à son silence, en approuvant hautement l'opinion dominante, quelle qu'elle soit. Peut-être le paradoxe de sa situation va-t-il si loin dans l'horreur, que là justement où il a appris *la grande pitié* et *le grand mépris*, les « gens cultivés », pour leur part, apprennent la grande vénération... Et qui sait si, dans tous les grands cas, il ne s'est pas tout simplement produit que l'on adorait un dieu, et que ce dieu n'était en fait que la misérable victime sacrificielle... Le *succès* a toujours été le mensonge le plus flagrant, et l'*œuvre*, l'*action*, est aussi un succès... Le grand homme d'État, le conquérant, l'explorateur, est toujours déguisé et dissimulé sous ses propres créations, jusqu'à en devenir méconnaissable ; c'est l'*œuvre* de l'artiste ou du philosophe qui *invente* celui qui l'a créée, qui est *censé* l'avoir créée... Les « grands hommes », tels qu'on les admire, sont aussi de mesquines et mauvaises créations *a posteriori* — dans le monde des valeurs historiques, la fausse monnaie *règne* sans partage.

2[1].

Tous ces grands poètes par exemple, ces Byron, Musset, Poe, Leopardi. Kleist, Gogol, — je n'ose citer des noms beaucoup plus grands, mais je les ai présents à l'esprit [2] — tels qu'ils sont, tels qu'ils sont *nécessairement* : des hommes du moment présent, sensuels, absurdes, compliqués, accordant étourdiment leur confiance ou se méfiant sans raison ; des âmes où il y a généralement une faille à dissimuler : se vengeant souvent par leurs œuvres d'une souillure intime, cherchant souvent dans leurs envols l'oubli d'une mémoire trop fidèle, rendus idéalistes par la proximité de *la fange*. — Quelle torture sont tous ces grands artistes, et en général tous les hommes dits supérieurs, pour celui qui a su les percer à jour... Nous sommes tous les avocats de la médiocrité... Cela se conçoit, c'est de la femme, douée de double vue dès qu'il s'agit de souffrance, et malheureusement avide — bien au-delà de ses forces — d'aider et de sauver, qu'*ils* subissent ces transports de compassion sans mesure, que la foule, à son tour, surtout la foule des *admirateurs*, surcharge d'interprétations curieuses et complaisantes.... Cette compassion s'illusionne régulièrement sur son pouvoir : la femme voudrait croire que l'amour peut *tout*. C'est là sa *superstition* bien à elle. Hélas, le connaisseur du cœur humain soupçonne à quel point l'amour le plus pur et le plus profond est pauvre, impuissant, provocant et gaffeur, — à quel point il *détruit* plus qu'il ne sauve...

3[3].

Le dégoût et l'arrogance spirituelle de tout homme qui a beaucoup souffert — et c'est presque un critère de supériorité, que le *degré* de souffrance dont un homme est capable —, la certitude frémissante qui l'imprègne et le marque, *d'en savoir plus long* par la douleur que les plus sages et les plus savants n'en pourront jamais savoir, d'avoir un jour approché et habité ces mondes lointains et effrayants dont « *vous autres*, vous ne savez rien... », cette arrogance muette, cet orgueil de l'élu de la connaissance, de l' « initié », du presque sacrifié, a besoin de toute sorte de travestissements pour se défendre du contact de mains indiscrètes et charitables, et en général de tous ceux qui ne sont pas ses pairs par la douleur. La profonde souffrance distingue : elle tient à distance. — L'un de ses déguisements les plus raffinés est l'épicurisme, et une certaine audace de goût désormais ostensiblement affichée, qui prend la douleur à la légère et se protège de tout ce qui est triste et profond. Il y a des hommes « gais » qui se servent de la gaîté afin de n'être, de ce fait, pas compris : ils veulent être incompris. Il y a des « esprits scientifiques » qui se servent de la science, parce qu'elle donne un air de sérénité et que, de son érudition, on déduit qu'un homme est superficiel — ils *veulent* induire à une conclusion erronée... Il y a des esprits libres et insolents qui voudraient dissimuler et nier qu'ils sont, au fond, des cœurs incurables et brisés, — c'est le cas d'Hamlet —, et la folie, enfin, peut être le masque d'un savoir funeste et *trop certain* [1].

ÉPILOGUE

1 [1].

Je me suis souvent demandé si je ne devais pas davantage aux plus dures années de ma vie qu'à aucune autre. Mon être le plus intime me l'enseigne, tout ce qui est nécessaire, vu de haut et dans l'optique d'une vaste économie d'ensemble, est également l'utile en soi : il ne faut pas seulement le supporter, il faut l'*aimer*... *Amor fati*, voilà le fond de ma nature [2]. Quant à la longue maladie qui me mine, ne lui dois-je pas infiniment plus qu'à ma bonne santé? Je lui dois une santé *supérieure*, que fortifie tout ce qui ne la tue pas! *Je lui dois aussi ma philosophie* [3]. Seule la grande douleur affranchit tout à fait l'esprit, en lui enseignant le grand soupçon, qui fait de toute lanterne une vessie, une bonne vraie vessie, c'est-à-dire qui restitue l'ordre logique [*]... Seule la grande douleur, cette longue et lente douleur qui nous consume à petit feu, qui prend tout son temps, nous force, nous autres philosophes, à gagner notre plus grande profondeur et à nous délester de toute la confiance, de toute la bienveillance, de tout l'indulgent aveuglement, de toute la clémence et la médiocrité où nous mettions sans doute autrefois notre humanité. Je ne sais si une telle douleur « rend meilleur », mais je sais qu'elle nous rend *plus profonds*... Soit que nous apprenions à lui opposer notre fierté, nos sarcasmes, notre force de volonté, et à nous égaler à l'Indien, qui, soumis à la plus cruelle des tortures, se dédommage en décochant ses traits les plus mordants à

---

[*] L'expression allemande correspondant à « prendre les vessies pour des lanternes », est, littéralement « *prendre un X pour un U* ». Aussi N. écrit-il : « ... qui, de tout U, fait un X, un X vraiment authentique, c'est-à-dire l'*avant-dernière* lettre avant la dernière... » (N.D.T.)

son bourreau ; soit que, devant la douleur, nous nous retirions dans cet affreux Néant, l'abandon muet, sourd et paralysé de soi, l'oubli de soi-même, l'effacement total : de ces longs et dangereux exercices d'empire sur soi-même, on revient un autre homme, *enrichi* de quelques points d'interrogation — et surtout avec la ferme *volonté* d'interroger désormais davantage, plus à fond, plus rigoureusement, plus durement, plus méchamment, plus silencieusement qu'il ne fut jamais fait sur terre... C'en est fait de la confiance en la vie. La vie elle-même est devenue *problème*... N'allez pas imaginer que cela fasse nécessairement de vous un misanthrope ou un oiseau de mauvais augure, — mais on aime alors *différemment*... C'est l'amour pour une femme qui nous remplit alors de doutes...

2 ¹.

Le plus étrange est ceci : après coup, l'on a un autre goût, un goût *second* ². De tels gouffres, du gouffre aussi du *grand soupçon*, l'on revient comme si l'on venait de faire peau neuve, l'épiderme plus chatouilleux, plus méchant, avec un goût plus raffiné pour la joie, un palais plus sensible aux bonnes choses, des sens plus allègres, avec, dans la joie, une innocence seconde et plus périlleuse : à la fois plus candide et cent fois plus raffiné qu'auparavant.

Moralité : on n'est pas impunément l'esprit le plus profond de tous les temps — mais on ne l'est pas non plus *sans récompense*... Je vais le prouver par un exemple ³.

Oh, quelle horreur vous inspire alors la jouissance, la grossière jouissance épaisse et sombre, telle que les jouisseurs, notre Public Cultivé, nos Riches et nos Puissants, la conçoivent ! Avec quelle méprisante ironie nous écoutons désormais les flonflons de la Grande Foire, où l'« homme cultivé », le citadin d'aujourd'hui se fait violenter par l'art, la lecture et la musique, pour atteindre à des « jouissances spirituelles », à grand renfort de spiritueux ! Comme les vociférations théâtrales de la passion nous déchirent les oreilles ! Comme tout le tumulte romantique, cette brouillonne agitation des sens qu'aime la plèbe cultivée, avec ses confuses aspirations au sublime, à la grandiloquence exaltée, à la surcharge contournée, comme tout cela est étranger à notre goût ! Non ! Si, à nous qui sommes convalescents, il nous faut encore un art, c'est un art *différent*,

— un art moqueur, léger, fugace, divinement intact, divinement artificiel, qui monte droit comme une pure flamme dans un ciel sans nuages! Surtout : un art pour artistes, *pour artistes seulement!* Après cela, nous savons à quoi nous en tenir sur ce qu'il exige avant tout : la gaîté, toute la gaîté, mes amis!... Nous qui savons, nous savons trop bien certaines choses : oh, comme nous apprenons désormais à bien oublier, à bien « *ne rien savoir* » dans notre art!... Quant à notre futur, on a peu de chances de nous trouver sur les brisées de ces adolescents égyptiens qui, la nuit, rendent les temples peu sûrs, enlacent les statues, et veulent à tout prix dévoiler, découvrir, mettre en pleine lumière tout ce que l'on a de bonnes raisons de tenir caché. Non, ce mauvais goût, ce désir de vérité, de « vérité à tout prix », cette fureur juvénile dans l'amour de la vérité — nous en sommes dégoûtés, nous sommes pour cela trop pleins d'expérience, trop sérieux, trop gais, trop échaudés, trop *profonds*... Nous ne croyons plus que la vérité reste encore vraie lorsqu'on la dépouille de ses voiles — nous avons trop vécu pour le croire... Maintenant, c'est pour nous simple question de convenance, que l'on ne puisse tout voir nu, que l'on ne puisse assister à tout, tout comprendre et tout « savoir ». TOUT *comprendre, c'est tout mépriser* *¹... — « Est-il vrai, demandait une petite fille à sa mère, que le Bon Dieu soit partout présent? Je ne trouve pas cela convenable! » Que les philosophes retiennent la leçon. On devrait honorer davantage la *pudeur* avec laquelle la Nature se dissimule derrière ses énigmes et ses impénétrables incertitudes. Peut-être la vérité est-elle une femme qui a des raisons de *ne pas laisser voir ses raisons?*... Peut-être son nom est-il, en grec, *Baubo?* — Oh, ces Grecs! Ils s'y entendaient, à *vivre!* Pour cela, il est indispensable de s'en tenir courageusement à la surface, à la ride, à l'épiderme, d'adorer l'apparence, de croire aux formes, aux sons, aux paroles, à tout l'Olympe de l'*apparence!* Les Grecs étaient superficiels... à force de *profondeur!*... Et n'est-ce pas à cela que nous revenons, nous, les casse-cou de l'esprit, qui avons escaladé la cime la plus haute et la plus périlleuse de la pensée contemporaine, et qui, de là, avons jeté un regard circulaire, un regard *condescendant* à nos pieds? Ne sommes-nous pas, en cela, — des Grecs? Adorateurs des formes, des sons, des mots? Et, par là même... des *artistes?*

---

* En français dans le texte.

De la pauvreté du plus riche [1]

Dix ans déjà —
Pas une goutte qui m'ait atteint,
Pas un souffle humide, pas une rosée d'amour
— terre *altérée de pluie*...
J'implore aujourd'hui ma sagesse
de ne pas se faire avare en cette aridité :
déborde toi-même, distille toi-même ta rosée,
fais-toi pluie pour cette steppe desséchée!

Jadis, j'ordonnai aux nuages
de s'écarter de mes montagnes,
— jadis, je leur criai : « Plus de lumière, êtres obscurs! »
Aujourd'hui, je les conjure de venir :
faites sur moi de l'ombre avec vos pis!
Je veux vous traire,
ô vaches des hauteurs!
Sur le pays je répandrai
Sagesse chaude comme lait, douce rosée d'amour.

Arrière! Arrière, vérités
au sombre regard!
Je ne veux plus, sur mes montagnes,
voir d'âpres, d'impatientes vérités!
Qu'aujourd'hui, dans l'or des sourires,
la vérité vienne à moi,
adoucie par le soleil, hâlée par l'amour,
— car je ne veux cueillir que *mûre* vérité.

Aujourd'hui, je tends la main
vers les boucles du hasard,
assez malin
pour le flouer, ce hasard, le mener comme un enfant.

Aujourd'hui, je ferai bon accueil
à tout — même malvenu !
Même pour le destin, je rentre mes piquants :
Zarathoustra n'est pas un hérisson !

Mon âme,
sa langue insatiable
a déjà léché le pire et le meilleur,
elle a plongé à toute profondeur,
mais toujours, pareille au bouchon,
elle rejaillit et surnage, toujours,
goutte d'huile dansant sur des mers brunes !
C'est pour cette âme qu'on me nomme Bienheureux.

Qui me sont père et mère ?
Mon père, n'est-ce pas le Prince Superflu,
et ma mère, Rire-Muet ?
Ne suis-je pas né de leur lit,
moi, cette énigme faite chair,
ce monstre de lumière,
moi, gaspilleur de toute sagesse, Zarathoustra ?

Malade aujourd'hui de tendresse,
souffle tiède du vent,
Zarathoustra attend, assis, attend sur ses montagnes,
dans son propre suc, attendri et recuit,
au-dessous de sa cime,
au-dessous de ses glaciers,
heureux et las,
démiurge au septième jour.

— Silence !
Une vérité passe sur moi
comme un nuage.
Elle m'atteint d'invisibles éclairs.
Par de larges et lents gradins
son bonheur monte jusqu'à moi :
Viens, viens, vérité bien-aimée !

— Silence !
C'est ma vérité *à moi !*
De ses yeux incertains
m'atteignent les frissons veloutés
de son regard aimable et méchant :
vrai regard de jeune vierge !

Elle a deviné la *raison* de mon bonheur,
elle m'a deviné — à quoi songe-t-elle?
Un dragon empourpré m'épie
dans l'abîme vierge de son regard.

— Silence, car voici que *parle* ma vérité!

Malheur à toi, Zarathoustra!
Tu ressembles à un
qui aurait avalé de l'or :
on t'ouvrira le ventre, un jour!...

Tu es trop riche,
Trop nombreux ceux que tu corromps!
Tu fais trop d'envieux,
tu rends pauvres trop de gens!
Ta lumière me porte ombrage, même à moi,
je tremble de froid : va-t'en, Riche!
Va-t'en, Zarathoustra, de ton soleil!...

Tu voudrais donner, distribuer ton superflu.
mais c'est toi, le plus superflu!
Sois sage, ô Riche!
Donne-toi toi-même, ô Zarathoustra!

Dix ans déjà...
Pas une goutte qui t'ait atteint?
Pas un souffle humide, pas une rosée d'amour?
Mais qui *pourrait* t'aimer?
Tu es trop riche!
Ton bonheur dessèche les alentours,
les appauvrit d'amour,
— terre *altérée de pluie*.

Nul ne te rend grâces,
mais tu rends grâces à chacun
qui accepte tes dons.
C'est à cela que je te reconnais,
trop riche,
ô toi *le plus pauvre* de tous les riches!

Tu te sacrifies, ta richesse te *tourmente*,
tu te donnes sans compter,
tu ne t'épargnes pas, tu ne t'aimes pas :
le grand Tourment ne te lâche pas,

le tourment de greniers *trop pleins*, d'un cœur *trop plein*...
Personne ne te rend plus grâces...

Il te faut *t'appauvrir*,
trop sage Fou !
— si tu veux être aimé.
On n'aime que ceux qui souffrent,
on n'offre d'amour qu'aux affamés :
donne-toi toi-même, ô Zarathoustra !

— Je suis ta vérité...

Dates et événements

DATES ET ÉVÉNEMENTS
DE LA VIE DE NIETZSCHE DE L'AUTOMNE 1887
AU DÉBUT DE JANVIER 1889

1887, octobre-décembre, Nice.

Après un voyage très éprouvant, N., venant de Venise, arrive à Nice le 22 octobre au soir. Il descend à la Pension de Genève. Il y dispose d'une « vraie pièce de travail », paie « 5,1/2 frs par jour, pour le logement et deux repas : je prépare moi-même mon thé du matin... mais, entre nous soit dit, tous les autres pensionnaires paient davantage (8-10 frs). Entre parenthèses : une vraie torture pour mon amour-propre !!! » (à Overbeck, 12 novembre). Dans la même lettre : « il me semble que c'est toute une époque qui se termine pour moi ; un regard en arrière est plus que jamais à l'ordre du jour. Dix ans de maladie, plus de dix ans ; et pas simplement une maladie pour laquelle il existe des médecins et des remèdes. Quelqu'un sait-il seulement ce qui m'a rendu malade ? Ce qui, des années durant m'a tenu au seuil de la mort, et appelant la mort ? Je n'en ai pas l'impression. Si j'excepte Richard Wagner, personne n'est jamais venu à moi avec le millième de la passion et de la souffrance qu'il aurait fallu pour que je m' " entende " avec lui : en ce sens, enfant, j'étais déjà seul, et je le suis encore maintenant, dans ma quarante-quatrième année. Ces dix terribles années que j'ai derrière moi m'ont fait amplement apprécier ce que cela signifie d'être seul, isolé à ce point : l'isolement progressif d'un homme souffrant et sans appuis, incapable même de se " défendre ". Hormis mon ami Overbeck (et trois autres êtres), au cours de ces dix dernières années, presque chaque personne que je connais a commis à mon égard quelque absurdité, soit par de révoltants soupçons, soit, du moins, sous la forme d'une blessante prétention (récemment encore Rohde, cet incorrigible goujat). Pour n'en retenir que le meilleur, cela m'a rendu plus indépendant ; mais aussi plus dur, et plus contempteur des hommes que je ne le souhaiterais moi-même. Heureusement, j'ai assez d'esprit gaillard* pour m'amuser à l'occasion de ces souvenirs, comme de tout ce qui ne concerne que moi ; et, en outre, j'ai une tâche qui ne ne permet pas de songer beaucoup à moi (une tâche, un destin, appelez cela

---

* En français dans le texte.

comme vous voulez). Cette tâche m'a rendu malade, c'est elle également qui me guérira, qui fera mieux que me guérir, me rendra philanthrope et tout ce qui s'ensuit. »

Travail intense, attesté par les cahiers philosophiques de cette période. « *Je suis d'humeur travailleuse, mais sombre, et pas encore sorti de l'ébranlement violent que m'ont apporté les dernières années. Pas encore assez " dépersonnalisé ".* — *Pourtant, je sais ce qui est fait, et ce qui est définitivement réglé : c'est un trait qui est tiré sous toute mon existence jusqu'alors :* — *voilà le sens des dernières années. Sans doute, par cela même, l'existence que j'ai menée jusqu'ici a révélé ce qu'elle était réellement* — *une simple promesse. La passion de mon dernier livre* [Généalogie de la morale] *a quelque chose d'effrayant : avant-hier, je l'ai lu avec un profond étonnement, et comme quelque chose de nouveau* » (à Peter Gast, 20 décembre). Lectures : Montaigne : Essais, Galiani ; Lettres à Mme d'Épinay ; Journal *des Goncourt* ; A. Pougin, Les vrais créateurs de l'opéra français, Perrin et Cambert. *Il assiste à une nouvelle représentation de la Carmen de Bizet au théâtre italien du Sonzogno. Aux Pêcheurs de Perles, il part après le premier acte.*

Première lettre de Georg Brandes à N. (26 novembre) : « *C'est pour moi un honneur d'être connu de vous, et connu au point que vous ayez souhaité que je vous lise. De vos livres souffle vers moi un esprit nouveau et original. Je ne comprends pas encore entièrement ce que j'ai lu ; je ne sais pas toujours où vous voulez en venir. Mais bien des choses coïncident avec mes propres pensées et sympathies, le mépris des idéaux ascétiques et une profonde aversion pour la médiocrité démocratique, votre radicalisme aristocratique... Vous faites partie du petit nombre d'hommes avec qui j'aimerais causer...* » *Cette lettre marque le début de la correspondance N.-Brandes.*

N. *se réjouit d'une lettre de Carl von Gersdorff, son ami de jeunesse, qui après dix ans d'interruption, renoue des relations cordiales,* (30 novembre). Brandes donne à N. des nouvelles de Lou Salomé et de Paul Rée (Gersdorff lui parle aussi de ce dernier). Sur ses relations avec son antisémite de beau-frère, B. Förster, N. écrit à Gast : « *Mon beau-frère aussi m'a assez gentiment écrit ; nous nous efforçons tous deux d'atténuer ce que la situation a de tendu (— il me parle de* Par-delà..., *qu'il a commandé : je ne le lui avais pas envoyé, non sans de bonnes raisons)* » (3 novembre).

A la fin de l'année, il écrit à Overbeck : « *... le poids de mon existence pèse à nouveau plus lourd sur mes épaules ; presque pas un jour entièrement bon ; et beaucoup de souci et de tristesse. Garde-moi ta fidèle affection, mon vieil ami !* » (28 décembre).

1888, janvier-début d'avril, Nice.

Cet hiver à Nice fut pour N. très fructueux en ce qui concerne son activité intellectuelle. Mais il souffre d'une grave dépression mélancolique : « *... que cet hiver a été très riche en acquis spirituel* *pour ce qui m'importe le plus. Ainsi, l'esprit n'est pas malade, rien n'est malade, seulement ma pauvre âme* » *(fragment de lettre à sa mère, écrit à la fin de mars: pas à sa sœur ! Sur cette falsification d'Élisabeth Förster-N., consulter Karl Schlechta* Nietzsches Werke. *(Œuvres de Nietzsche en trois volumes, Munich 1954-1956), III, pp. 1417* sqq.*)*

Au sujet de son activité, il écrit à Gast: « *Enfin, je ne vous tairai pas que toute cette période a été pour moi riche en vues synthétiques et en illuminations; qu'a commencé à renaître mon courage d'entreprendre " l'impossible ", et d'exprimer jusque dans ses dernières conséquences la sensibilité qui me distingue* » *(6 janvier).* « *... oh, comme il est* instructif *de vivre dans un état extrême comme le mien ! C'est seulement maintenant que je comprends l'Histoire, jamais je n'ai eu d'yeux plus profonds qu'au cours des derniers mois* » *(1ᵉʳ février).* « *J'ai terminé la premi*è*re mise au net de mon " Essai d'une inversion des valeurs ": l'un dans l'autre, cela a été une torture, et je n'ai pas encore le courage nécessaire. Dans dix ans, je le ferai mieux* » *(13 février).* « *... Ne croyez pas non plus que j'aie à nouveau fait " de la littérature ": cette copie était pour moi; à partir de maintenant, je veux faire chaque hiver une nouvelle copie pour moi seul, — toute idée de " publicité " est en fait exclue* » *(26 février).* Dans ces passages, N. se réfère — ainsi que Gast l'a souligné dans son commentaire — aux cahiers W II 1, W II 2, W II 3 de l'œuvre posthume, qu'il a utilisés au moment de la « mise au net » citée. S'y rattache le classement des notes du cahier-répertoire W II 4. Lectures: Plutarque; Baudelaire, Œuvres posthumes; *Dostoïevski,* Les Possédés, *dans la traduction française de Victor Derély; Tolstoï,* Ma religion; *J. Wellhausen,* Prolegomena zur Geschichte Israëls; *Renan,* Vie de Jésus; *Constant,* Quelques réflexions sur le théâtre allemand *(introduction à sa traduction du* Wallenstein *de Schiller).*

Dans le Bund *de Berne, Carl Spitteler rend compte des ouvrages de N. Après s'en être d'abord montré satisfait, N., vraisemblablement sous l'influence du jugement défavorable de son* « disciple » *Peter Gast, — exprime sa contrariété dans des lettres à Spitteler (10 février) et à son ami J. V. Widmann (Cf. à ce propos, passage de EH,* « Pourquoi j'écris de si bons livres », § *1, p. 131). Brandes donne à l'Université de Copenhague des conférences sur la philosophie de N., qui en est très heureux. Malgré l'incident relaté plus haut, N. intervient en faveur de Spitteler auprès de l'éditeur Credner. N. à Spitteler:* « *Après bien des échecs et des humiliations, j'ai fini par réussir à intéresser un éditeur à la publication de vos essais d'esthétique. Le chef de l'une des maisons les plus en vue de Leipzig (Société Veit und Co), M. Hermann Credner, vient de m'écrire d'une manière pour le moins encourageante: il promet d'envisager cette affaire.* » *(4 mars).*

5 avril-5 juin, Turin.

N. quitte Nice le 2 avril. A Savona, il monte par erreur dans un train qui l'emmène à Sampierdarena au lieu de Turin. Malade, il reste jusqu'au 3 avril au lit, dans un hôtel de Sampierdarena. Le 4 avril, « pèlerinage à Gênes ». « A Gênes, j'ai erré comme une ombre en proie aux souvenirs. Ce que j'y aimais autrefois, cinq ou six points choisis, m'a plu encore davantage: tout cela m'a paru d'une incomparable noblesse* pâle, et pourtant supérieur à tout ce qu'offre la Riviera. Je remercie mon destin de m'avoir condamné à vivre dans cette ville dure et sombre pendant les années de décadence* : en prendre congé, c'est un peu prendre congé de soi-même, la volonté reprend de l'ampleur, on n'a plus le courage d'être lâche. Jamais je n'ai éprouvé plus de gratitude que lors de ce pèlerinage* à Gênes. » N. s'enthousiasme pour Turin: « Mais que dire de Turin! Cher Ami, je vous félicite! Vos conseils ont deviné mon cœur! C'est vraiment la ville dont j'ai maintenant besoin! Elle est de toute évidence faite pour moi, et l'a été presque instantanément, aussi effroyables qu'aient été les circonstances au cours des premiers jours. Surtout un temps affreux, pluie glaciale, instable, agissant sur les nerfs, avec par intermittences, des demi-heures de chaleur lourde. Mais quelle ville digne et sérieuse! Pas du tout grande ville, pas du tout moderne, comme je le craignais: mais une résidence du XVIIe siècle, qui n'a eu qu'un goût déterminant en tout, la cour et la noblesse*. Tout porte la marque du calme aristocratique: il n'y a pas de mesquines banlieues; une unité de goût, jusque dans la couleur (toute la ville est jaune ou ocre rouge). Et, pour les pieds comme pour les yeux, un lieu classique! » (à Peter Gast, 7 avril). A Gast encore, le 20 avril, au sujet de Turin: « ... le premier endroit où je me sente possible! »

Pendant ce printemps à Turin naît le Cas Wagner; mais N. poursuit également un travail philosophique intense (cf. notamment les cahiers posthumes W II 5 et W II 6): « ... je n'ai cessé de travailler, déjà plus que pendant tout l'hiver à Nice! Les jours de beau temps, il souffle ici un air délicieux, léger, espiègle, qui donne des ailes aux pensées trop lourdes... Jusqu'à présent, je ne suis pas allé écouter Carmen! Cela prouve à quel point je suis occupé de moi-même... » (à Gast, 1er mai). Lectures: Viktor Hehn, Gedanken über Goethe (« Pensées sur Goethe »); Louis Jacolliot, Les législateurs religieux. Manou-Moïse-Mahomet. Il fréquente la boutique du libraire Loescher : « ... un homme calme et modeste, Bouddhiste, un peu disciple de Mainländer, végétarien enthousiaste » (à Gast, 17 mai). Il fait la connaissance de Pasquale d'Ercole, professeur de philosophie à l'Université de Turin. De New York arrive une lettre d'un admirateur, Karl Knortz. Au théâtre: Carmen, des opérettes. État d'euphorie.

---

* En français dans le texte.

6 juin-20 septembre, Sils-Maria.

La santé de N. empire à Sils-Maria, en partie à cause du mauvais temps. « Depuis que j'ai quitté Turin, je suis dans un état lamentable. Maux de tête incessants, quelques vomissements: recrudescence de mes vieilles misères, dissimulant un profond épuisement nerveux, qui fait que toute la machine ne vaut plus rien. J'ai du mal à me défendre des pensées les plus tristes. Ou plutôt, je pense très lucidement, mais très défavorablement, à l'ensemble de ma situation. Il ne me manque pas seulement la santé, mais la condition première d'un retour à la santé. — La force vitale n'est plus intacte. Il n'est plus possible de réparer les pertes de dix ans — pour le moins —: pendant tout ce temps, j'ai vécu sur mon " capital " et n'ai rien, absolument rien acquis. Mais cela appauvrit... Cette extrême irritabilité due aux impressions météorologiques n'est pas bon signe: elle caractérise un certain épuisement général, qui, en fait, est mon vrai mal. Tout — maux de tête, etc. —, n'est que conséquence, et relativement symptomatique. — A la pire époque de Bâle et d'après Bâle, il n'en allait pas autrement: seulement j'étais alors inconscient au dernier degré, et j'ai permis aux médecins de tâtonner à la recherche de maux localisés, ce qui n'était qu'une calamité de plus. Je ne souffre absolument pas de la tête, absolument pas de l'estomac: mais, sous l'influence d'un épuisement nerveux (qui est en partie héréditaire — venant de mon père, lui aussi mort seulement des séquelles d'un manque général de force vitale —, et en partie acquis), les conséquences apparaissent sous les formes les plus diverses » (à Overbeck, 4 juillet).

De la mi-juillet à la fin d'août, travail à l'impression du Cas Wagner. Après un dernier plan intitulé « Volonté de puissance. Essai d'une inversion de toutes les valeurs », et daté de la main de N. du 29 août, il se décide pour une publication de sa philosophie in nuce (c'est-à-dire pour l'œuvre connue plus tard sous le titre de Crépuscule des Idoles), et d'une autre œuvre en quatre livres, qu'il nomme « Inversion de toutes les valeurs ». Le premier livre de l' « Inversion de toutes les valeurs », L'Antéchrist, est, pour moitié, composé à partir des mêmes matériaux que Crépuscule des Idoles (voir sur ce point, « la composition »).

Lectures: Ludwig Nohl, Leben Richard Wagner's; Stendhal, Rome, Naples et Florence : son « livre le plus riche » ainsi que N. l'écrit à Peter Gast le 20 juin.

Quelques semaines avec Meta von Salis. Fréquente le pianiste Carl von Holten et le théologien Julius Kaftan. A Overbeck: « ... ce jeune empereur se présente peu à peu mieux qu'on ne pouvait l'espérer, — il a récemment pris des positions nettement antiantisémites et a ainsi manifesté aux yeux du monde entier sa reconnaissance aux deux hommes (Bennigsen et le Baron von Douglas) qui l'ont soustrait avec tact à la société compromettante des Stöcker et compagnie ». Quelques semaines plus tôt, à la mort de Frédéric III, le père de Guillaume II, N., par contre, avait exprimé ses inquiétudes quant au jeune héritier du trône: « La mort de l'empereur

Frédéric m'a touché: finalement, il était une petite lueur vacillante de la pensée libre, le dernier espoir de l'Allemagne. Maintenant commence le " règne " de Stöcker : — j'en tire les conséquences, et je sais déjà que ma " Volonté de puissance " sera en premier lieu saisie en Allemagne » (à Gast, 20 juin).

Il écrit à Spitteler: *« ... en arrivant ici, j'ai trouvé, reproduit dans le supplément dominical du Bund, ce que vous dites de Schubert. Grande en a été ma joie: personne, aujourd'hui n'écrit avec tant d'amour et tant d'objectivité à la fois de rebus musicis et musicantibus. »* Dans la même lettre, au sujet de Credner: *« Tout le monde l'estime, mais tout le monde et surtout ses auteurs connaît aussi des " histoires " sur son compte. Il est, entre nous, capricieux et despotique jusqu'à la sottise. Il y a deux ans, il a perdu un procès contre un professeur de Tübingen, parce que, dans un ouvrage d'histoire de ce dernier, il avait imprimé ses propres idées, totalement différentes, sous forme de corrections après coup. Moi-même, j'étais d'accord avec lui pour la publication de mon Par-delà... : mais, averti comme je l'étais, au premier signe de son autoritarisme d'éditeur, j'ai réclamé mon manuscrit par télégramme »* (16 juillet). Finalement, Credner refusa le manuscrit de Spitteler. N. lui écrivit à cette occasion: *« Mes propres expériences avec des éditeurs sont, soit dit en passant, cent fois plus mauvaises que les vôtres. Il y a là des choses qu'on ne peut même pas écrire. — Mais je suis en guerre: je comprends que l'on soit en guerre avec moi. Au cours des dernières années, j'ai dépensé environ 4 000 frs en frais d'impression: qu'un livre de Nietzsche soit publié par quelqu'un d'autre que lui, c'est une impossibilité prouvée depuis longtemps »* (25 juillet).

Richard M. Meyer (1860-1914), jeune étudiant d'origine juive, de Berlin, fait remettre à N., par l'intermédiaire de Deussen, un cadeau de 2 000 marks. N. attribue à Deussen lui-même ou à Rée cet envoi anonyme, qu'il accepte comme contribution à ses frais d'impression [*]. Meta von Salis lui offre également 1 000 francs pour le même usage.

Le mauvais temps oblige N. à rester à Sils-Maria jusqu'au 20 septembre.

21-30 septembre, Turin [**].

Après un voyage plein d'imprévus (cf. EH, « Crépuscule des Idoles », § 3, p. 178), N. se retrouve à Turin : « Mon voyage a

---

[*] Richard M. Meyer devint plus tard professeur de littérature allemande à l'Université de Berlin; il eut des relations suivies avec Elisabeth Förster-Nietzsche et le « Nietzsche-Archiv »; en 1913, il publia une monographie sur N. — On ignorait jusqu'à présent que Meyer fût le donateur anonyme : nous devons cette petite découverte à une lettre que Hans von Müller (qui fut quelque temps collaborateur du « Nietzsche-Archiv ») écrivit à Josef Hofmiller le 19 avril 1933.

[**] A partir d'ici, notre chronique contiendra plus de détails

été plein de difficultés et a mis ma patience à rude épreuve : je ne suis arrivé à Milan qu'à minuit. Le plus inquiétant fut un long passage, de nuit, à Côme, à travers un terrain inondé, sur une très étroite passerelle de planches — le tout à la lueur des torches ! Pour moi, avec ma vue, une vraie partie de colin-maillard ! — Épuisé par l'air moite et rebutant de la Lombardie, je suis enfin arrivé à Turin ; mais, chose curieuse, tout s'est arrangé d'un seul coup. Merveilleuse clarté, couleurs automnales, un délicieux sentiment de bien-être en toutes choses. En deux points essentiels, le logement et la trattoria, on m'accueille, à ma deuxième apparition de la manière la plus souhaitable. Quant au logement, l'ordre, la propreté, les prévenances ont augmenté de 50 % ; la quantité et la qualité, à la trattoria, de 100 %, sans que, en aucun de ces deux endroits, les prix très modérés aient changé. De même j'ai trouvé ici le premier tailleur dont je sois content. — A cinq pas de chez moi la grande piazza, avec son château médiéval : on y trouve un ravissant petit théâtre, devant lequel, le soir (à partir de huit heures et quart), on peut s'asseoir, manger son gelato, et, juste en ce moment, on peut entendre, à ravir, La Mascotte d'Audran en français (que je connais très bien de Nice)... Le temps laisse à désirer. Mais, ici, je supporte mieux le mauvais temps, et je n'ai pas encore perdu un jour de travail » (à Gast, 27 septembre). Gersdorff lui a écrit pour lui accuser réception du Cas Wagner, qui vient de paraître. Dans la même lettre à Gast, N. écrit : « Un fait curieux que me communique Gersdorff, et qui m'édifie fort : Gersdorff a été témoin d'un éclat furieux de Wagner contre Bizet, un jour où Minnie Hauck était à Naples et chantait Carmen. Du fait même que Wagner a pris partie ici aussi, ma malice va être reçue avec beaucoup plus de force en certain haut-lieu. D'ailleurs, Gersdorff me met très sérieusement en garde contre les Wagnériennes. — C'est dans le même sens que sera aussi compris le nouveau titre de Crépuscule des Idoles, — donc encore une petite méchanceté à l'égard de Wagner... »

N. travaille avec Gast (qui séjourne à Berlin) à la correction de Crépuscule des Idoles.

Le 30 septembre 1888, le manuscrit de L'Antéchrist *est prêt pour l'impression.*

Octobre, Turin.

N. envoie le Cas Wagner à Malwida von Meysenbug, avec une lettre d'accompagnement : « Vous verrez que, dans ce duel, je n'ai pas perdu ma bonne humeur. A franchement parler, au milieu de la tâche indiciblement lourde de ma vie, me défaire d'un Wagner représente un vrai soulagement. J'ai écrit ce petit livre au printemps, ici, à Turin. Depuis, j'ai terminé le premier livre de mon Inversion

sur les 106 derniers jours de la vie consciente de Nietzsche à Turin. Pour les mois allant d'octobre 1887 à septembre 1888, cf. *Chronologie* des volumes de la section VIII des *Œuvres philosophiques complètes*.

de toutes les valeurs. *Ce petit livre contre Wagner, il faudrait aussi le lire en français. Il est même plus facile à traduire en français qu'en allemand. En bien des points, il a également des affinités avec le goût français : l'éloge de Bizet au début serait mieux compris. — Sans doute, il faudrait un styliste fin, et même raffiné, pour rendre le ton de cet ouvrage —: finalement, je suis moi-même maintenant le seul styliste allemand raffiné. Je vous serais très reconnaissant si vous vouliez bien demander sur ce point conseil à M. Gabriel Monod (— tout cet été, j'aurais eu l'occasion de solliciter un autre avis, celui de M. Paul Bourget, qui habitait tout près de chez moi : mais il n'entend rien in rebus musicis et musicantibus ; à part cela, il serait le traducteur qu'il me faut —). Le livre, bien traduit en français, serait lu sur la moitié du globe : — je suis sur ce chapitre la seule autorité, et, en outre, assez musicien et psychologue pour ne pas m'en laisser imposer en tout ce qui est technique »* (4 octobre). La réponse de Malwida von Meysenbug arrive à Turin vers la mi-octobre ; elle n'est que partiellement conservée (vraisemblablement censurée par Elisabeth Förster-Nietzsche). On y lit : « [+] *J'espère faire déjà partie de ce " petit nombre ", et, à ce titre, pouvoir vous faire franchement opposition, et vous dire où je trouve que vous avez tort. J'estime aussi qu'une ancienne affection, même lorsqu'elle est éteinte, ne doit pas être traitée comme vous traitez Wagner ; on ne fait ainsi que se nuire à soi-même, car enfin, on a une fois totalement et pleinement aimé, et l'objet de cet amour n'était pourtant pas un fantôme, mais une réalité pleine et entière. L'expression " pantin " pour parler de Wagner et de Liszt est abominable. Bon, eh bien, après ce sermon (vous allez dire : encore une Wagnérienne, et hausser les épaules, mais je ne fais pas partie du troupeau, j'ai mon opinion bien à moi, et reconnais que dans votre livre, bien des choses sont justes), je vous dirai que Monod a envoyé deux exemplaires à deux écrivains connus qui savent parfaitement la langue allemande et sont également musiciens. D'ailleurs, il y a ici quantité de Wagnériens : presque tous les jeunes musiciens le sont. P. Bourget l'est aussi, il est allé à Bayreuth. C'est d'ailleurs un homme qui donne dans la pire modernité, qui met bassement son talent au service du goût corrompu du public, et qui, sous le nom de réalisme, s'enfonce dans les malsains bourbiers de la littérature moderne, dont les chastes muses se détournent avec horreur »* (lettre inédite).

N. écrit à Overbeck : « *Santé nettement améliorée par rapport à cet été, qui restera toujours un souvenir des plus pénibles* » (8 octobre). A Hans von Bülow, qui n'avait pas répondu à sa lettre lui recommandant Le lion de Venise, opéra de Peter Gast, N. écrit : « *Vous n'avez pas répondu à ma lettre. Une fois pour toutes, je vous laisserai désormais en paix. Je suppose que vous vous rendez compte que le premier esprit de l'époque vous avait exprimé un souhait* » (9 octobre). En réponse à une lettre de N. de cette période, vraisemblablement détruite plus tard, sa mère lui écrit : « *Ta gentille lettre du 9 m'a fait un grand plaisir, car je sens à tes paroles combien tu te sens mieux à Turin qu'en Engadine... A ce propos, je voudrais te rappeler de ne pas trop te surmener, mon cher vieil enfant, malgré la joie que me donnent tes déclarations sur le retour de tes forces et de la confiance en toi. Mais ce qui me fait toujours de la peine, c'est quand tu te réjouis d'être délivré de la présence de Lieschen* [c.-à-d. Élisabeth Förster-Nietzsche], *car je sais qu'après ta mère, personne ne peut t'aimer plus tendrement qu'elle, et je ne saurais dire combien de larmes elle a versé en pensant à toi » (16 octobre, lettre inédite).*

Georg Brandes envoie le *Cas Wagner* à August Strindberg : « *Il* [Brandes] *a donné un exemplaire de mon livre au plus grand écrivain suédois, August Strindberg, qui m'est tout acquis; il dit qu'il est " un vrai génie ", seulement un peu fou* » *(à Gast, 14 octobre).* Réponse violente à Malwida von Meysenbug : « *... Ce ne sont pas des choses où je tolère la contradiction... Que Wagner ait su susciter la conviction qu'il était (comme vous le dites avec une innocence digne de respect) " l'ultime expression de la Nature créatrice ", et pour ainsi dire son " aboutissement ", cela suppose en effet du* génie, *mais un génie du* mensonge... *Moi-même, j'ai l'honneur d'être tout le contraire — un génie de la* vérité » *(18 octobre).* Deux jours plus tard, il écrit sur un ton encore plus abrupt : « *Excusez-moi de prendre encore la parole : ce pourrait être la dernière fois. J'ai peu à peu rompu presque toutes mes relations humaines, par dégoût de voir que l'on me prend pour autre chose que ce que je suis. C'est maintenant votre tour. Depuis des années, je vous envoie mes livres, pour qu'un jour enfin, vous me déclariez franchement et naïvement :* " *chaque mot me fait horreur ". Et vous seriez en droit de le faire. Car vous êtes une* " *idéaliste* " * *— et moi, je traite l'idéalisme d'insincérité faite instinct, de refus à tout prix de voir la réalité : chaque phrase de mon œuvre contient le* mépris *de l'idéalisme... Ainsi, vous n'avez rien compris au dégoût avec lequel, il y a dix ans, j'ai, en même temps que toutes les natures décentes, tourné le dos à Wagner, lorsque les premiers numéros des* Bayreuther Blätter *eurent rendu l'imposture éclatante? Vous ignorez donc tout de la profonde exaspération avec laquelle, comme tous les musiciens honnêtes, je vois cette peste de la musique wagnérienne, cette corruption des musiciens qu'elle entraîne, se répandre de plus en plus? Vous ne vous êtes pas aperçue que, depuis dix ans, je suis devenu une espèce de directeur de conscience pour les musiciens allemands, que j'ai, partout où c'était possible, réimplanté l'honnêteté artistique, le goût aristocratique, la haine la plus profonde pour la répugnante sexualité de la musique wagnérienne? Que le dernier musicien classique, mon ami Köselitz, est né de ma philosophie et de mon éducation? — Vous n'avez jamais compris la moindre de mes paroles, de mes pas décisifs. Il n'y a rien à faire : il faut que cela soit clair entre nous, — en ce sens également, le* Cas Wagner *est encore pour moi un* coup de chance ** » *(20 octobre, lettre inédite).* (Cf. nos observations sur EH, « Le cas Wagner », § 4, pp. 327-331.)
D'autres brouillons de lettres à Malwida von Meysenbug, datant de

---

* M. v. M. était l'auteur des *Mémoires d'une idéaliste.* (N.D.T.)
** Jeu de mots entre « *Fall* Wagner » et « *Glücksfall* ». (N.D.T.)

la même période, ont été conservés : ils trahissent encore plus l'irritation de N.

Lettre aimable de Overbeck, notamment au sujet du Cas Wagner : « ... *Hier, ta lettre à la main, j'ai fait ma promenade accoutumée aux environs de Turin. Partout, la plus pure lumière d'octobre : les arbres de la splendide allée, qui pendant une heure environ, m'a conduit le long du Pô, à peine touchés par l'automne. Je suis maintenant l'homme le plus reconnaissant du monde — dans des dispositions automnales, au bon sens du terme : c'est pour moi la saison de la récolte. Tout me devient facile, tout me réussit, bien qu'il ne soit guère probable que personne ait jamais entrepris de si grandes choses. Le premier livre de* l'Inversion des valeurs *est terminé, bon pour l'impression : je te l'annonce avec un sentiment pour lequel je ne trouve pas de mots. Il y aura quatre livres; ils paraîtront séparément* » (à Overbeck, 18 octobre). Le 18 octobre mort d'Alessandro Antonelli (1798-1888), l'architecte « vieux comme Mathusalem »; N. assiste à son enterrement. La « Mole Antonelliana » (tour construite à Turin par cet architecte) va jouer un rôle dans son imagination (cf. sa lettre du 5 janvier 1889 à Burckhardt et un brouillon de lettre encore inédit à Peter Gast du 29 décembre 1888).

Lettre de Peter Gast (à Berlin) sur Crépuscule des Idoles (25 octobre). N. répond : « *Votre lettre m'a donné une grande joie. Au fond, il ne m'est pas arrivé très souvent de m'entendre dire par quelqu'un quelle forte impression produisent mes pensées. La nouveauté, le courage de l'innovation, est vraiment de premier ordre : — en ce qui concerne les conséquences, il m'arrive maintenant de contempler ma main avec une certaine méfiance, car il me semble que je tiens le sort de l'humanité " dans ma main " »* (30 octobre). (Cf. notes de EH, « Crépuscule des idoles », § 2). Dans cette même lettre, N. mentionne pour la première fois sa nouvelle œuvre, Ecce Homo.

Novembre, Turin.

Lettre à Malwida von Meysenbug : « *Attendez un peu, Très Chère Amie! Je vous fournirai bientôt la preuve que " Nietzsche est toujours haïssable* * ". *Sans aucun doute, — j'ai des torts envers vous. Mais comme je souffre, cet automne, d'un excès d'honnêteté, c'est pour moi un vrai bienfait d'avoir des torts... " L'immoraliste "* » (5 novembre). Par ces mots, N. fait certainement allusion à Ecce Homo, qu'il annonce à son éditeur, le 6 novembre, en ces termes : « *Je suis maintenant tout à fait convaincu que j'ai besoin d'un autre ouvrage, d'un ouvrage préparatoire au plus haut point, afin de pouvoir me présenter, dans un délai d'un an environ, avec le premier livre de l'*Inversion des valeurs. *Il faut qu'une vraie tension soit créée — autrement, il en ira comme de* Zarathoustra.

---

* En français dans le texte. Allusion — souvent répétée — à Pascal. (N.D.T.)

Or, ces dernières semaines, j'ai eu les inspirations les plus heureuses, grâce à un incomparable bien-être physique, unique dans ma vie, et grâce également à un automne merveilleux et à l'accueil prévenant et délicat au possible que l'on m'a réservé à Turin. Aussi, je suis venu à bout, entre le 15 octobre et le 4 novembre, d'une tâche extrêmement difficile, qui consiste à me raconter, moi-même, mes écrits, mes opinions, et, fragmentairement, dans la mesure où l'exige mon projet, ma vie. Je crois que cela, au moins, sera entendu, peut-être même trop... Et alors, tout irait pour le mieux. »

Par une lettre du 6 novembre, Spitteler lui annonce son intention de rendre compte du Cas Wagner : « ... *Et mes félicitations cordiales pour votre livre. La plupart des gens trouveront que vous êtes allé trop loin : pour moi, — j'estime que vous êtes allé au but ; ce n'est jamais trop loin. Si vous êtes allé beaucoup plus loin que les autres, ce n'est pas votre faute ; et il n'est pas excessif de poursuivre son chemin quand les autres veulent rester en arrière. Donc, encore toutes mes félicitations. Je suis persuadé que vous vous sentez bien, et allégé, depuis que vous êtes délivré du cauchemar wagnérien* » (lettre inédite). N. répond : « ... *Cela m'a fait du bien, d'avoir, dans ce " Cas "-là votre approbation, car, cette fois, je n'ai que trop de raisons de peser les voix au lieu de les compter* » (7 novembre). Le 8 novembre, l'article de Spitteler paraît dans le Bund. N. lui écrit à ce propos : « *Vos lignes sur Nietzsche en bloc* * *sont les plus dignes d'attention que j'aie jamais lues* » (à Spitteler, 19 novembre), et, à Gast : « *M. Carl Spitteler a laissé libre cours à son enthousiasme au sujet du " Cas ", dans le Bund : il a trouvé des mots étonnamment justes... il semble tenir pour une constatation de premier ordre en matière d'histoire de la culture la définition globale de notre musique moderne comme musique de décadence* * » (13 novembre).

Le 13 et le 14 novembre, N. annonce à Peter Gast, Franz Overbeck et Meta von Salis qu'il vient d'achever Ecce Homo : « *L'automne est fini, — il a, avec une constance qui surprend jusqu'aux Turinois, rejoué da capo, jour après jour, la même beauté couleur d'or, du début d'octobre jusqu'en plein novembre. Maintenant, il fait un peu gris, l'air n'est pas trop froid ; étonnant, comme cette teinte convient aux vieux palazzi. Pour ma santé, j'oserai dire que c'est presque plus bienfaisant qu'une suite ininterrompue de " beaux jours ", dont même un Goethe ne savait trop que faire. — Mais ne blasphémons pas ! Car j'ai bien su en tirer parti, — peut-être même trop bien... Mon Ecce Homo. Comment on devient ce que l'on est a surgi entre le 15 octobre, jour de mon anniversaire et de la fête de mon très saint patron, et le 4 novembre, avec une autorité impérieuse et une bonne humeur proprement antique, au point qu'il me semble trop bien-venu pour qu'on se permette d'en plaisanter. Les dernières parties sont d'ailleurs déjà d'un ton que les Maîtres chanteurs ne pourraient plus soutenir : celui du Maître du monde... Le chapitre final porte un titre inconfortable : " Pourquoi je suis un destin. " Que cela soit bien le cas, je l'y prouve avec une telle force,*

---

* En français dans le texte.

*qu'à la fin, on se retrouve planté devant moi comme un masque et
un " cœur sensible "... Ledit manuscrit a déjà entamé sa marche
d'écrevisse en direction de l'imprimerie. Pour la présentation,
" mon bon plaisir " a été qu'elle soit la même que celle de l'*Inversion
des valeurs, *dont il constitue une préface crachant le feu »* (à Gast,
13 novembre).

« *Avec la meilleure volonté du monde, Overbeck, mon vieil ami,
je ne trouverais rien de mauvais à l'annoncer sur mon compte. Les
choses suivent leur cours dans un tempo fortissimo de travail et de
bonne humeur. — De même,* on me traite ici comme il faut *,
*comme quelqu'un de tout à fait distingué, et il y a une manière de
m'ouvrir la porte que je n'ai encore rencontrée nulle part. Il faut
reconnaître que je ne fréquente que des endroits choisis et que je
bénéficie des soins d'un tailleur classique. — Nous avons eu ces
jours-ci la sombre pompe d'un grand enterrement, auquel toute
l'Italie a pris part: le comte Robilant, le type le plus vénéré de la
noblesse piémontaise, d'ailleurs fils naturel du roi Charles-Albert,
comme chacun le sait ici. Avec lui, l'Italie a perdu un irremplaçable
premier* *... *Tout de suite après, quelque chose de gai: les beautés
de l'aristocratie turinoise ne se tenaient plus, lorsque les portraits
des beautés couronnés à Spa sont arrivés ici. Elles ont aussitôt
envisagé à leur tour un* concorso di bellezza *pour janvier, et je
trouve que tout les y autorise! Lors de l'exposition de printemps,
j'ai déjà vu un tel* concours *, *sous forme de portraits. Notre nouvelle Turinoise, la princesse Laetitia Buonaparte, qui vient d'épouser le duc d'Aoste, se fera un plaisir d'être de la partie... L'impression
de* Crépuscule des Idoles ou Comment philosopher à coups de
marteau *est terminée! Le manuscrit de* Ecce Homo. Comment devenir ce que l'on est *est déjà à l'imprimerie. Ce dernier, d'une importance capitale, donne des éléments psychologiques, et même biographiques, sur moi et mes œuvres; d'un seul coup, il va falloir que
l'on me voie. Le ton du livre, gai et lourd de fatalité, comme tout
ce que j'écris. — Puis, à la fin de l'année prochaine, paraîtra le
premier livre de l'*Inversion des valeurs. *Il est déjà achevé »* (à
Overbeck, 13 novembre).

« *... Jusqu'à présent, tout est allé mieux que bien. J'ai poussé
mon fardeau comme si j'étais un portefaix " immortel ". — Non
seulement le premier livre de l'*Inversion des valeurs *a été terminé
dès le 30 septembre: entre-temps, un très incroyable morceau de littérature, intitulé* Ecce Homo. Comment on devient ce que l'on est,
*a pris son essor, comme de ses propres ailes, et, si je ne m'abuse, vole
déjà en direction de Leipzig... Cet* homo, *c'est moi, y compris
l'*ecce: *cette tentative de jeter sur moi un peu de lumière et d'effroi
semble m'avoir presque trop bien réussi... Qu'il y ait besoin de
quelques " lumières " sur mon compte, le cas Malwida vient de me
le prouver. Je lui avais envoyé, non sans une arrière-pensée malicieuse, quatre exemplaires du* Cas Wagner, *en lui demandant de
faire quelques démarches en vue d'une bonne traduction française.*

---

* En français dans le texte.

Elle me " déclare la guerre " : l'expression est de Malwida. Entre nous, j'ai pu une fois de plus me convaincre que ce fameux " idéalisme " n'était, dans son cas, qu'une forme extrême du manque de modestie, " innocente ", cela va de soi. On l'a toujours laissée parler, et, à ce qu'il me semble, personne ne lui a dit qu'à chaque phrase, non seulement elle se trompait, mais elle mentait... C'est ce que font toutes ces " belles âmes ", qui ne sauraient voir la réalité... Gâtée tout au long de sa vie, elle finit par trôner, comme une pythie, sur son sofa, et dit : " Vous vous trompez sur le compte de Wagner. Je le sais mieux que vous! Tout à fait la même chose que Michel-Ange! " Là-dessus, je lui ai écrit que Zarathoustra entendait supprimer les Bons et les Justes, parce qu'ils mentent toujours. Sur quoi, elle m'a répondu qu'en cela elle était tout à fait de mon avis, car il y a si peu de gens vraiment bons... Et voilà qui, pendant un certain temps, m'a défendu auprès de, Wagner! » (à Meta von Salis, 14 novembre).

Publication dans le Musikalisches Wochenblatt *(« Semaine musicale »), n° 44 du 25 octobre 1888, du* Fall Nietzsche *(« Cas Nietzsche ») de Richard Pohl. La revue est éditée par E. W. Fritzsch, à Leipzig, qui, à partir de l'été 1886, avait été l'éditeur de toutes les œuvres de N. jusqu'à la troisième partie de Zarathoustra. Le 16 novembre, Gast écrit à N. à ce sujet : « Votre assurance, votre conscience d'être " une forteresse ", choque sans doute beaucoup en ces temps où il est mal vu de s'élever à la grandeur, de se conduire princièrement, et même avec majesté. De nos jours, n'est plus permis que ce qui est permis à tous... et vous ne faites que des choses qui ne sont permises à nul autre qu'à vous. C'est inouï, — cela mérite un châtiment! Ces jours-ci, j'ai lu un tel châtiment... dans le* Musikalisches Wochenblatt. *Peut-être Fritzsch, en marchand de musique dépourvu de tact, vous a-t-il envoyé, pour vous distraire, l'article de Richard Pohl. D'après cet article, vous avez composé un opéra qui, prétend-il, n'aurait été accepté nulle part, tandis que les opéras de Wagner ne cessaient de se répandre. D'où aigreur contre Wagner, puis rupture complète. Le compositeur qui sait " tailler une ouverture dans la masse * ", c'est vous-même. Pohl raconte, pour montrer un exemple de rajeunissement des proportions (cf. CW, p. 31**), le* Faust *de Goethe; malheureusement, il commet ainsi un plagiat envers son adversaire, car l'histoire rajeunie de Faust se trouve dans* Humain, trop humain, *II « Le voyageur et son ombre », § 124. — La prétention de Pohl, qui s'imagine avoir fait quelque chose contre votre " Jugement universel " avec son petit article borné, est d'un comique achevé. Lui aussi, comme tous les hommes ordinaires, cherche des raisons personnelles derrière votre objectivité supérieure! »* Là-dessus, N. écrit à Fritzsch : « Vous avez l'insigne honneur d'avoir dans votre fonds les œuvres du premier esprit de tous les millénaires. Que vous ayez permis à une vieille bour-

---

* Cf. CW, « Second post-scriptum », (p. 51, note [1]), où N. fait allusion à Peter Gast (*Œuvres philosophiques complètes*, VIII).
** Cf. CW 9, pp. 39-40.

rique comme Pohl de parler de moi, voilà qui n'est possible qu'en Allemagne. N'allez pas croire que je lise de telles choses : on vient de m'écrire de Leipzig, mot pour mot : " La prétention de Pohl, qui s'imagine avoir fait quelque chose contre votre Jugement Dernier avec son petit article borné, est d'un comique achevé ! " Je reçois de toute part de vraies lettres d'hommage, qui célèbrent un chef-d'œuvre de sagacité psychologique sans égal, une véritable délivrance d'un malentendu dangereux... Demandez donc à M. von Bülow ce qu'il en pense. — Et c'est l'éditeur de Zarathoustra qui prend parti contre moi ? — Croyez à mon parfait mépris. | Nietzsche. » (18 novembre.)

N. lit *Les mariés* de Strindberg. Il écrit à Peter Gast au sujet du « problème de l'opérette »: *« Nous ne nous sommes pas revus depuis que j'y vois plus clair sur cette question — oh, combien plus clair! Tant qu'au mot " opérette ", vous associez je ne sais quelle condescendance, quelle vulgarité de goût, vous n'êtes — pardonnez-moi cette* violente *expression — qu'un Allemand —. Demandez donc comment M. Audran définit l'opérette: " Le Paradis de toutes les choses délicates et raffinées ", y compris les douceurs les plus sublimes. J'ai entendu dernièrement* La mascotte *— Trois heures sans une seule mesure de " viennoiserie " (= cochonnerie*). Lisez n'importe quelle critique sur une opérette parisienne: en France, ils sont maintenant de vrais génies en matière de spirituelle désinvolture, de malicieuse gentillesse, d'archaïsmes, d'exotismes, de choses toutes naïves. Sous l'énorme pression de la concurrence, on exige dix morceaux de premier ordre pour qu'un opérette tienne. Il existe déjà toute une vraie science des finesses** du goût et de l'effet. Je vous l'assure, Vienne est une porcherie*... Si je pouvais vous montrer une seule soubrette** qui crée** (sic) dans un seul rôle, par exemple Mad. Judic ou Milly Meyer, les écailles vous tomberaient des yeux, je veux dire de l'opérette* (sic). *L'opérette n'a pas d'écailles: les écailles ne sont qu'allemandes. — Et maintenant, quelque chose comme une* ordonnance médicale. *Pour nos corps et nos âmes, une petite intoxication de "* parisine *** " *est tout simplement notre* " salut " **** *— nous devenons nous-mêmes, nous cessons d'être des "* Teutons cuirassés de corne "... *Pardonnez-moi, mais je ne peux écrire en allemand qu'à partir du moment où je peux m'imaginer avoir des Parisiens pour lecteurs.* Le Cas Wagner *est de la musique d'opérette... Ces jours-ci, je me suis fait la même réflexion en lisant l'œuvre véritablement géniale d'un Suédois, M. August Strindberg, que le Dr Brandes m'a présenté comme mon premier admirateur. C'est la culture française sur un fond incomparablement plus fort et plus sain. L'effet est envoûtant. Cela s'appelle*

---

* « Wienerei = Schweinerei ». (N.D.T.)

** En français dans le texte.

*** Cette « toxine du parisianisme » est à rapprocher de la « moraline », mot forgé par N. sur le même modèle *(passim)*. (N.D.T.)

**** « *Erlösung* », concept « wagnérien » par excellence, cf. GW. (N.D.T.)

Les mariés, Paris, 1885. Très curieux, nous avons exactement le même avis sur les femmes — et cela avait déjà frappé le Dr Brandes. » (18 novembre.)

Lettre à Brandes, du 20 novembre: « Avec un cynisme qui prendra l'allure d'un événement de l'histoire universelle, je me suis raconté moi-même. Le livre s'appelle Ecce Homo, et c'est un attentat sans aucun ménagement contre le Crucifié; il finit dans un fracas de tonnerre et de fulminations contre tout ce qui est chrétien ou infecté de christianisme, à vous assourdir et à vous aveugler complètement. En fin de compte, je suis le premier psychologue du christianisme, et, en vieil artilleur que je suis, je peux mettre en batterie des pièces de gros calibre dont aucun des adversaires du christianisme n'avait jusqu'ici soupçonné l'existence. Le tout est le prélude de l'Inversion de toutes les valeurs, cette œuvre que j'ai déjà devant moi, achevée: je vous jure que, dans deux ans, nous aurons plongé la terre entière dans des convulsions. Je suis une fatalité. » À partir de ce moment — c'est le premier témoignage que nous en possédions —, N. considère L'Antéchrist comme l'ensemble (et non plus le premier livre) de l' « Inversion des valeurs ».

N. négocie avec Fritzsch, en vue de racheter les œuvres (de Naissance de la Tragédie à Zarathoustra) que cet éditeur avait mises à son catalogue en 1886. Ayant mal compris une lettre de Fritzsch, N. croit que celui-ci lui demande 10 000 thalers (environ 30 000 marks): « J'avoue que je ne saurais où trouver cet argent en si peu de temps... » (à Fritzsch, 22 novembre). Le poète Martin Greif (1839-1911) envoie à N. ses poèmes en remerciement du Cas Wagner.

N. reçoit les premiers exemplaires de Crépuscule des Idoles (qui ne doit être mis en vente qu'en 1889). Il en envoie personnellement un exemplaire à Jacob Burckhardt et à Strindberg: à ce dernier, il propose de traduire l'œuvre en suédois. Lettre à Naumann: « Une traduction suédoise de Crépuscule des Idoles est envisagée » (25 novembre). Dans la même lettre: « Dès que Ecce Homo aura agi — et il va susciter un étonnement sans égal —, j'entreprendrai les démarches déjà mentionnées en vue de préparer la traduction de l' « Inversion des valeurs » dans les sept langues principales, toutes par des écrivains de premier plan. L'œuvre doit paraître simultanément dans toutes les langues. »

Du 26 novembre, à Naumann: « ... Je vous écris une fois de plus: la question dont il s'agit est essentielle. Tout bien pesé, la conduite inqualifiable de E. W. Fritzsch est une chance dont on ne saurait trop se féliciter (il m'a attribué les motifs personnels les plus misérables pour mon livre contre Wagner, à moi, l'homme le moins " personnel " qu'il y ait peut-être jamais eu!). Sans cette attitude, qui non seulement est un manque de tact, mais porte atteinte à mon honneur, je n'aurais aucun moyen de tirer mon œuvre de ses mains. Maintenant, non seulement je le peux, mais je le dois: à un moment où ma vie se trouve à un tournant décisif, et où repose sur moi une responsabilité pour laquelle il n'y a pas de mots, je ne tolérerai pas que l'on commette des infamies à mon

égard. — *L'éditeur de Zarathoustra ! Le premier livre de tous
les millénaires! Un livre qui renferme le destin de l'Humanité!
Un livre qui, dans peu d'années, se répandra à des millions d'exemplaires !... Dès qu'Ecce Homo sera sorti, je serai, parmi les vivants,
le tout premier. Reprenez personnellement, Cher Monsieur, les
négociations avec E. W. Fritzsch, dites-lui que ma décision est
irrévocable, et qu'il m'a blessé dans mon honneur. Je voudrais
que ce soit vous qui rassembliez toute mon œuvre, — je voudrais
d'autre part, maintenant que tout se décide pour moi, que nous
songions à établir des relations* normales *entre auteur et éditeur.
Je ne demanderai jamais d'honoraires, c'est contraire à mes principes ; mais je voudrais que vous ayez part au succès, à la victoire
de mes œuvres... L' " Inversion des valeurs " sera un événement
sans précédent, non seulement pour la littérature, mais un événement qui ébranlera tout l'ordre établi. Il est possible que cela marque,
dans le calendrier, le début d'une nouvelle ère.* »

Le même jour, à Gast: « *... De même, vous trouverez peut-être
dans mon " actualité ", au fond pleine de malice et gaîté, plus
d'inspiration pour l' " opérette " que nulle part ailleurs : je me
livre à tant de stupides facéties envers moi-même, et j'ai tant d'idées
dignes d'un pitre sans public, qu'il m'arrive, en pleine rue, de
ricaner pendant une demi-heure, je ne trouve pas d'autre mot...
Dernièrement, j'ai eu l'idée d'introduire, dans un passage capital
d'Ecce Homo, Malwida sous les traits d'une Kundry qui rit!...
Pendant quatre jours, il ne m'a plus été possible de donner à mon
visage une expression sérieuse et posée. — Je pense que, dans
un tel état, on est mûr pour faire un " Rédempteur du monde "...
Venez...* »

Également le 26 novembre, à Deussen: « *... Il faut absolument
que je te parle d'une affaire de toute première importance. Ma vie
a atteint son apogée : encore quelques années, et la terre sera ébranlée
par un épouvantable coup de tonnerre. — Je te jure que je suis
de force à modifier le calendrier. Rien de ce qui se dresse aujour-
d'hui ne restera debout. Plus qu'un homme, je suis de la dynamite.
— Mon " Inversion de toutes les valeurs ", dont le titre principal
est* L'Antéchrist, *est terminée. Au cours des deux prochaines
années, je devrai m'occuper de faire traduire cette œuvre en sept
langues : première édition dans chaque langue, environ un million
d'exemplaires. — D'ici là, paraîtront encore, de moi: 1.* Crépuscule
des Idoles, *ou* Comment philosopher à coups de marteau. *L'œuvre
est terminée, et j'ai donné hier des instructions pour que l'un des
premiers exemplaires te soit adressé. Lis-le, je t'en prie, avec le
plus profond sérieux, bien que, comparé à ce qui suit, ce soit un
livre gai. 2.* Ecce Homo. Comment on devient ce que l'on est.
*Ce livre ne traite que de moi, — je m'y présente enfin, avec une
mission qui modifiera l'histoire du monde. Il est déjà à l'impression. — La lumière y est faite pour la première fois sur mon
Zarathoustra, le premier livre de tous les millénaires, la Bible
de l'avenir, la plus forte éruption du génie humain, et qui embrasse
le destin de l'humanité. Ici se place ma requête, la raison prin-*

cipale de cette lettre. Je veux reprendre à E. W. Fritzsch [les droits de] mon Zarathoustra. Je veux avoir entre mes mains toutes mes œuvres, en être le seul propriétaire. Non seulement c'est une immense fortune, car mon Zarathoustra sera lu comme la Bible, mais il n'est pas tout simplement plus possible qu'elles restent entre les mains de E. W. Fritzsch. Cet homme insensé vient même de me blesser dans mon honneur. Je ne peux faire autrement, il faut que je lui reprenne mes livres. J'ai déjà négocié avec lui: il veut, pour tous mes livres, environ 10 000 thalers. Heureusement, il n'a pas la moindre idée de la valeur de ce qu'il possède. — In summa : j'ai besoin de 10 000 thalers. Réfléchis, mon vieil ami ! Je ne demande pas de cadeau, il s'agit d'un emprunt au taux d'intérêt que l'on voudra. Par ailleurs, je n'ai pas un sou de dettes, j'ai encore quelques billets de mille devant moi, et la pension de Bâle me met à l'abri du besoin. (Le Crépuscule des Idoles et l'Ecce Homo sont imprimés grâce à une certaine somme qui, miraculeusement, m'est venue en son temps de Berlin.) Seulement, il faudrait que je dispose bientôt de cet argent, avant que Fritzsch n'ait eu vent de la valeur de ce qu'il possède. Alors, je pourrais tout remettre ensemble entre les mains de Naumann, à Leipzig, en qui j'ai confiance. »

Dans un projet de lettre à un éditeur inconnu, daté du 27 novembre 1888, N. donne une liste de ses Chants de Zarathoustra (plus tard : Dithyrambes de Dionysos). Ce même 27 novembre, il écrit à Strindberg au sujet de son drame Le Père : « J'ai lu deux fois, avec admiration, votre tragédie ; j'ai été surpris, au-delà de toute expression, de rencontrer une œuvre où s'exprime d'une manière grandiose ma propre conception de l'amour — dans ses moyens, la guerre, dans son principe, la haine mortelle des sexes —. Mais cette œuvre est vraiment faite pour être représentée au Théâtre libre de Monsieur Antoine ! Exigez-le tout simplement de Zola ! Pour l'instant, il attache une grande importance à ce qu'on se souvienne de lui. » A Overbeck : « Strindberg, le génie suédois, me tient pour le plus grand psychologue de l'Éternel-Féminin. Il m'a envoyé sa tragédie Le Père (avec une préface enthousiaste de Zola), qui exprime réellement, de manière grandiose, ma propre définition de l'amour (on la trouve, par exemple dans le Cas Wagner). Je vais essayer, pour cela même, de faire représenter cette œuvre au Théâtre libre, à Paris » (29 novembre).

Naumann explique à N. quelles sont les prétentions réelles de Fritzsch : la somme exigée correspond d'après ses calculs à 11 000 marks. « Quoi qu'il en soit, écrit Naumann, je vous conseille de lui faire une offre encore plus faible, et de ne trahir en aucun cas que vous tenez beaucoup à ce rachat, car alors il augmenterait ses prétentions. Veuillez donc lui écrire que vous m'avez poussé à racheter ces droits d'édition, mais que je ne voulais pas en entendre parler, car je suis pour l'instant beaucoup trop pris par d'autres entreprises. Vous souhaiteriez cependant que tous les droits se trouvent rassemblés, et c'est pourquoi vous seriez prêt à faire un sacrifice, mais ne seriez pas en mesure de lui accorder tout ce qu'il *demande » (28 novembre).* Là-dessus, N. écrit à Fritzsch: « *Tout bien réfléchi, je ne puis accepter ce prix. J'ai entre-temps essayé d'intéresser M. C. G. Naumann au rachat de ces droits. Mais il ne veut pas en entendre parler pour l'instant, car il est trop requis par d'autres entreprises. À vrai dire, il me serait agréable que tous mes livres paraissent chez le même éditeur: il va de soi, que, pour cela, je serais disposé à certains sacrifices (— mes livres ont été pour moi jusqu'ici un luxe étonnamment coûteux —): malheureusement, je ne puis vous accorder la somme que vous demandez* » *(30 novembre). Lettre du même jour à Deussen:* « *Il sera possible de racheter mes œuvres à un prix beaucoup plus faible: j'en suis déjà à 11 000 marks. Peut-être arriverai-je à en faire rabattre encore.* »

Décembre, Turin.

Entre fin novembre et le 6 décembre, révision du manuscrit de Ecce Homo *(après avoir fait revenir de Leipzig la copie destinée à l'imprimeur).*
Le 2 décembre, à Peter Gast: « Dimanche après-midi, après 4 heures, journée d'automne d'une beauté insensée. Reviens d'un grand concert — au fond la plus forte impression de concert de ma vie, — pour venir à bout de son extrême plaisir mon visage ne cessait de faire des grimaces, y compris, pendant dix minutes, la grimace des larmes. Ah, que n'étiez-vous là ! Au fond, c'était la leçon de l'opérette transposée dans la musique. Les 90 premiers musiciens de notre ville, un chef distingué, le plus grand théâtre de l'endroit, avec son excellente acoustique, 2 500 auditeurs, tous ceux, sans exception, qui participent activement à la vie musicale, publico sceltissimo — sincèrement: nulle part ailleurs je n'ai eu le sentiment que de telles nuances * fussent comprises. Ce n'étaient que des morceaux raffinés à l'extrême, et c'est en vain que je chercherais enthousiasme plus intelligent, pas une simple composante du bon goût moyen. — Au début, l'ouverture d'Egmont, je, voyez-vous, tout au long, je ne pensais qu'à M. Peter Gast... Là-dessus, la Marche hongroise de Schubert (du moment musical *), magnifiquement arrangée et orchestrée par Liszt. Succès monstre, da capo. Là-dessus, quelque chose de (sic, lire : [pour]) l'orchestre à cordes seul, dès la quatrième mesure, j'étais en larmes. Une inspiration parfaitement divine et profonde, — et de qui? D'un musicien mort en 1870 à Turin, Rossaro — une musique de tout premier ordre, je vous assure, d'une beauté de la forme et du sentiment qui modifie tout ce que je pensais des Italiens. Pas un instant de sentimentalité, — je ne sais plus ce que sont les " grands " noms... Peut-être ce qu'il y a de meilleur reste-t-il inconnu. Ensuite: Ouverture de Sakuntala, 8 rappels enthousiastes. Par tous les diables, ce Goldmark! Je ne l'aurais pas cru capable de cela!

---

* En français dans le texte.

Cette ouverture est cent fois mieux construite que n'importe quoi de Wagner, et psychologiquement si captieuse, si raffinée, que je recommençais à respirer l'air de Paris. Curieux, cela manque à ce point de " vulgarité " musicale que l'ouverture de Tannhäuser m'en parut obscène. L'orchestration pensée et équilibrée, du travail d'orfèvre. Puis encore quelque chose pour les cordes seules : Chant cypriote de Vilbac : à nouveau la plus exquise délicatesse d'invention et d'effet sonore, à nouveau succès monstre, et da capo, bien qu'il s'agisse d'un mouvement assez long. — Enfin, Patrie!, ouverture de Bizet. Comme nous sommes cultivés! Il avait trente-cinq ans lorsqu'il écrivit cette œuvre, une œuvre longue et très dramatique, — je voudrais que vous entendiez comme ce petit bonhomme se fait héroïque... Ecco! Où peut-on trouver nourriture plus substantielle? Et j'ai payé 1 fr d'entrée! Ce soir, Francesca da Rimini au Carignano : j'ai joint à ma dernière lettre un compte rendu à ce sujet. Le compositeur Cagnoni sera présent. Il me semble à la longue que Turin, pour la musique comme pour le reste, est la ville la plus sérieuse que je connaisse. »

Lorsqu'il renvoie à Leipzig le manuscrit de Ecce Homo (7 décembre) N. écrit, dans la lettre à Naumann qui l'accompagne : « *Voici le manuscrit qui vous revient : tout est maintenant parfaitement au point ; je ne modifie rien non plus. Je suis en pourparlers au sujet d'une traduction française et d'une anglaise, qui devront paraître simultanément. A cet effet, il faudrait que nous expédiions des exemplaires de toutes les feuilles au fur et à mesure de leur impression.* »

Première lettre d'August Strindberg : « Sans aucun doute, vous avez donné à l'humanité le livre le plus profond qu'elle possède, et, ce qui n'est pas le moins, vous avez eu le courage, les rentes peut-être, pour cracher ces mots superbes à la figure de la racaille! et je vous remercie! ... Et vous voulez être traduit en notre langue Groenlandoise? Pourquoi pas en Français en Anglais? Jugez de notre intelligence lorsqu'on m'a voulu interner dans un hôpital à cause de ma tragédie, et qu'un esprit si souple, si riche que M. Brandes est réduit au silence par ce butor de majorité! Je termine toutes mes lettres à mes amis : lisez Nietzsche! C'est mon *Carthago est delenda!* Toutefois, au moment où vous êtes connu et compris votre grandeur est amoindrie et la sainte et sacrée canaille ira vous tutoyer comme un de leurs semblables. Mieux vaut garder la solitude distinguée, et laisser nous autres dix mille supérieurs aller en pèlerinage secret à votre sanctuaire afin d'y puiser à notre gré. Gardons la doctrine ésotérique afin de la conserver pure et intacte et ne la divulgons pas sans l'intermédiaire des catéchumènes dévoués, au nombre desquels je me signe [*]. »

N. répond : « *... Hier, quand votre lettre m'a atteint — la première lettre, dans ma vie, qui m'ait atteint — je venais de terminer la dernière révision du manuscrit d'*Ecco Homo. *Comme il n'y a*

---

[*] En français dans le texte.

plus de hasard dans ma vie, vous n'êtes donc pas un hasard. Pourquoi écrivez-vous des lettres qui arrivent à un tel moment? J'ai renvoyé hier le manuscrit à mon imprimeur : dès qu'une feuille sera imprimée, il faut qu'elle aille entre les mains de Messieurs les traducteurs. Qui sont ces traducteurs? — Sincèrement, je ne savais pas que vous étiez vous-même responsable du remarquable français de votre Père : je l'ai pris pour une magistrale traduction. Au cas où vous voudriez prendre vous-même en main la traduction française, je m'estimerais on ne peut plus heureux de ce miracle d'un hasard plein de sens... Comme on y dit des choses parfaitement inouïes et qu'on parle par endroits, en toute candeur, la langue d'un Maître du monde, nous surpasserons par le nombre des tirages jusqu'à Nana... D'un autre côté, c'est anti-allemand jusqu'à l'écrasement : à travers toute l'histoire, on prend fermement le parti de la culture française (— je traite tous les philosophes allemands sans exception de faux-monnayeurs " inconscients ", j'appelle le jeune Kaiser un " écarlate cagot "...). D'ailleurs le livre n'est pas ennuyeux, — je l'ai même par endroits écrit dans le " style Prado " *"... Pour me mettre à l'abri des brutalités allemandes (saisie), j'adresserai les premiers exemplaires, avant la publication, au prince Bismarck et au jeune empereur, avec une lettre de déclaration de guerre : à cela des militaires ne peuvent pas répondre par des mesures de police... — Je suis un psychologue.. Songez-y, Cher Monsieur! C'est une affaire de tout premier ordre. Car je suis assez fort pour briser l'histoire de l'humanité en deux tronçons. — Reste la question de la traduction anglaise. Auriez-vous une idée à ce sujet? Un livre anti-allemand en Angleterre... »
(8 décembre).

Un brouillon de lettre à Helen Zimmern, sans doute du même jour (8 décembre) — traite de la question d'une traduction anglaise. Il semble cependant que Miss Zimmern n'ait pas reçu de lettre de N. en ce sens. On lit dans ce brouillon : « Une affaire de tout premier ordre! Point n'est besoin, je suppose, de vous recommander la plus grande discrétion. Ma vie approche maintenant d'un éclat préparé de longue date : ce que je vais faire au cours des deux prochaines années est de nature à réduire en miettes tout l'ordre existant, le " Reich ", la " Triple alliance " et autres merveilles. Il s'agit d'un attentat contre le christianisme, qui agit exactement comme de la dynamite sur tout ce qui est le moins du monde lié au christianisme. Nous allons modifier le calendrier, je vous en donne ma parole. Aucun homme n'a jamais eu, plus que moi, le droit de détruire! Je vais frapper deux grands coups, mais séparés par un intervalle de deux ans, le premier a pour titre Ecce Homo et doit paraître dès que possible. En allemand, français et anglais. Le second a pour titre L'Antéchrist, Inversion de toutes les valeurs. Les deux sont prêts à l'impression : je viens d'envoyer

---

* Dans la première partie de cette lettre à Strindberg, N. évoque l'affaire de l'assassin Prado, qui défrayait alors la chronique judiciaire parisienne. (Note du traducteur italien.)

à l'imprimeur le manuscrit de Ecce Homo. — Pour la traduction française de Ecce Homo, j'aurai un Suédois, un vrai génie : je joins sa lettre, qui, à défaut de mieux, vous montrera ce qu'il pense de moi. Pour la traduction anglaise — qu'en pensez-vous, Chère Mademoiselle? Auriez-vous la force et le courage de vous charger d'une telle entreprise? Ce n'est pas un livre épais, mais l'affaire d'environ dix feuilles de petites pages. Mais cela exige un travail exceptionnel, scrupuleux et délicat, car, pour ce qui est de la langue, il n'y a pas de chef-d'œuvre comparable à cet Ecce Homo. — Un attentat contre le christianisme éveillera en Angleterre un intérêt considérable : je n'arrive pas à imaginer le nombre exact des tirages. A cela s'ajoute que c'est également un attentat impitoyable contre les Allemands — considérés à travers toute l'histoire comme la vraie race nuisible, fausse et funeste... Un point de vue, qui, à ce qu'il me semble, n'est peut-être pas impopulaire auprès des Anglais... Le livre assassine le christianisme, et, par-dessus le marché, Bismarck... Dans le cas où vous ne pourriez pas me promettre votre aide, peut-être pourriez-vous m'indiquer des moyens et des démarches appropriés. »

Quelques ébauches de lettres à Bismarck et à Guillaume II, conformes à ce qu'il annonce dans la lettre à Strindberg, datent vraisemblablement de ces quelques jours.

Lettre à Taine (8 décembre) : « Le livre [Crépuscule des Idoles], que je prends la liberté de mettre entre vos mains, est peut-être le livre le plus étonnant qui ait jamais été écrit — et, en considération de ce qu'il exprime, c'est presque un fragment de destin. Il serait pour moi indiciblement précieux qu'il puisse être lu en français... Enfin, les Français sauraient y percevoir la profonde sympathie qu'ils méritent : de tout mon instinct, j'ai déclaré la guerre à l'Allemagne. »

La princesse Anna Tenischeff, de Saint-Pétersbourg, écrit à N., au reçu du Cas Wagner : « Bien que je n'aie malheureusement pas encore eu l'occasion de faire personnellement votre connaissance, je me représente vivement la profondeur de votre pensée et de toute votre personnalité, en particulier grâce aux conférences que Georg Brandes vous a consacrées. » N. à Peter Gast : « ... Presque une déclaration d'amour, en tout cas une bien curieuse lettre » (9 décembre).

A Gast : « Savez-vous que pour mon mouvement international, j'ai besoin de tout le grand capital juif? » (9 décembre). Dans un brouillon de lettre à Brandes — très vraisemblablement rédigé à cette époque — on lit : « Très Cher Ami, j'estime nécessaire de vous communiquer un certain nombre de choses de toute première importance : donnez-moi votre parole d'honneur que tout cela restera entre nous. Nous venons d'entrer dans la grande politique, et même la très grande... Je prépare un événement qui, selon toute vraisemblance, va briser l'histoire en deux tronçons, au point qu'il nous faudra un nouveau calendrier, dont 1888 sera l'An I. Tout ce qui, aujourd'hui, tient le haut du pavé, " Triple Alliance ", " question sociale ", s'effacera au profit d'une position individuelle d'opposition : nous aurons des guerres comme il n'y en a pas eu, mais pas *entre nations*, pas *entre classes* : toutes ces distinctions voleront en éclats — je suis la dynamite la plus dangereuse qui soit. — Je commanderai dans trois mois une édition du manuscrit de L'Antéchrist. Elle restera entièrement secrète et servira d'édition d'agitation. J'ai besoin de traductions dans toutes les langues principales de l'Europe : quand cette œuvre sortira, j'estime à un million d'exemplaires le premier tirage dans chaque langue. J'ai songé à vous pour l'édition danoise, à M. Strindberg pour la suédoise. — Comme il s'agit d'un coup destiné à anéantir le christianisme, il tombe sous le sens que la seule puissance internationale qui ait d'instinct intérêt à l'anéantissement du christianisme — ce sont les Juifs —. Il y a là une hostilité instinctive, rien d'" imaginé " comme chez le premier " libre penseur " ou socialiste venu — je n'ai que faire de libres penseurs. En conséquence, il faut que nous nous assurions de toutes les forces de cette race en Europe et en Amérique —, et, de plus, un tel mouvement a besoin de l'appui du grand capital. C'est là le seul terrain naturellement préparé pour la plus grande guerre de l'histoire, et la plus décisive : quant au reste des partisans, ils n'entreront en ligne de compte qu'après, une fois ce coup porté. Cette nouvelle puissance qui se formera pourrait en un clin d'œil devenir la première puissance mondiale : même en admettant qu'au début les classes dirigeantes prennent le parti du christianisme, leurs bases sont ébranlées dans la mesure où tous les hommes forts et vivants les abandonneront infailliblement. Que toutes les races intellectuellement dégénérées ressentent en cette occasion le christianisme comme la foi des maîtres, et, en conséquence, prennent parti pour le mensonge, point n'est besoin d'être psychologue pour le deviner. Le résultat est qu'ici la dynamite fera éclater toute l'organisation de l'armée, toute constitution, que l'hostilité n'aura plus d'autre justification et subsistera, sans l'apprentissage de la guerre. L'un dans l'autre, les officiers, dans leurs instincts, seront pour nous : qu'il soit au plus haut point déshonorant, lâche, malpropre, d'être chrétien, telle est la conclusion que l'on retire immanquablement de mon Antéchrist. — Tout d'abord paraîtra cet Ecce Homo dont je vous ai parlé, et dont le dernier chapitre donne un avant-goût de ce qui se prépare, et où j'apparais moi-même comme l'homme du destin... En ce qui concerne l'empereur d'Allemagne, je sais comment traiter un tel sombre crétin : tout officier digne de ce nom pourra s'en inspirer. Frédéric le Grand était mieux, il aurait été tout à fait dans son élément. — Mon livre est comme un volcan : rien de ce qui s'est écrit auparavant ne donne une idée de ce qu'on y trouve, ni de la manière dont les mystères les plus profonds de la nature humaine y sont brusquement révélés avec une aveuglante clarté. Il y a là une manière de condamner à mort qui est proprement surhumaine. Et pourtant, il souffle sur tout cela un calme et une hauteur grandioses — c'est vraiment un jugement dernier, bien qu'il n'y ait rien qui soit tenu pour trop infime ou trop négligeable pour y être considéré et exposé en pleine lumière. Quand, enfin, vous lirez la loi contre le christianisme, signée " l'Antéchrist ", qui *termine ce livre, vous aussi, je le crains vous tremblerez comme une carcasse...* Si nous sommes vainqueurs, *nous aurons entre nos mains le gouvernement de la terre — y compris la paix universelle... Nous aurons surmonté les absurdes frontières entre races, nations et classes : il n'y aura plus de hiérarchie qu'entre l'homme et l'homme, et même une échelle hiérarchique infiniment longue. Et voici le premier document d'histoire vraiment universelle : la grande politique* par excellence *. — P.S. : *Comme premier traducteur, cherchez-moi un maître — c'est de maîtres de la langue que j'ai besoin.* » (lettre inédite). *Cette lettre n'a probablement pas été envoyée par N.*

Quelques notes de cette période reprennent le thème de l'alliance de N. avec le « grand capital juif » *et* « les officiers » *: elles seront publiées à la fin de la VIII*ᵉ *section des* Œuvres. *On peut les considérer comme des versions préparatoires de* Ecce Homo, *auxquelles ne correspond pourtant aucune version définitive dans le texte de* Ecce Homo, *car les passages correspondants de la copie d'imprimeur ont été détruits par Gast, la mère et la sœur de N.*

A Gast : « Ecce Homo *transcende la notion de " littérature ", au point que même dans la nature rien ne peut lui être comparé : il brise littéralement l'histoire de l'humanité en deux tronçons — superlatif absolu de la dynamite... Allez donc le plus vite possible rendre visite à mon très vieux et très curieux ami le Professeur Paul Deussen... Vous pourrez lui dire une bonne fois, et à fond, ce que je suis et ce que je peux... Trois caisses de livres arrivées de Nice. — Depuis quelques jours, je feuillette mes œuvres, dont maintenant, et pour la première fois, je me sens à la hauteur. Comprenez-vous cela? J'ai fort bien fait tout cela, mais sans m'en rendre bien compte — au contraire !... Par exemple, les diverses préfaces, le cinquième livre de la "gaya scienza", diable, que n'y trouve-t-on pas! — En ce qui concerne la troisième et la quatrième " Inactuelles ", vous lirez dans* Ecce Homo *une révélation qui vous fera dresser les cheveux sur la tête — comme ce fut le cas pour moi quand je l'ai eue. Toutes deux ne parlent que de moi, anticipando... Ni Wagner, ni Schopenhauer n'y sont présents, psychologiquement parlant... Je n'ai compris ces deux œuvres que depuis quinze jours... Ce qui m'a fait la plus forte impression, c'est* Humain, trop humain *: cela a quelque chose du calme d'un grand seigneur* * » *(9 décembre).*

Le 10 décembre, N. reçoit l'article de Gast sur le Cas Wagner, *paru dans le* Kunstwart *de F. Avenarius (nº 4, 1888). Gast y dit notamment :* « *Quant à la valeur d'une chose, l'approbation de millions d'individus ne prouve justement rien ; il faudrait d'abord que soit prouvée la valeur de ces mêmes millions. Mais qui saurait l'évaluer? Et selon quels critères est-ce possible? Qui donc dominerait assez les siècles et les peuples pour distinguer quels symptômes les élève ou les rabaisse? Et une telle appréciation ne présuppose-t-elle pas en nous un fil à plomb, que soit nous appliquons arbitraire-*

---

* En français dans le texte.

ment, soit nous portons en nous inconsciemment, d'instinct? Ne faut-il pas pour ainsi dire une seconde conscience *(cf. Gast à N., 25 octobre 1888, et la note sur « Crépuscule des Idoles », § 3, in EH), pour voir au-dessous de soi, soi-même et son époque dans toutes ses manifestations, même les plus conscientes (dans le goût, le jugement, la morale), dans une confrontation avec tout le passé de l'humanité? C'est* Friedrich Nietzsche *qui nous pose ces questions et les résout comme nul autre ne saurait le faire. Il est le premier à porter véritablement un regard de physiologiste sur les manifestations de l'histoire; il est le premier à appliquer des critères qui font que l'appréciation des phénomènes historiques à partir de l'" idiosyncrasie " et de l'étroitesse de vues d'une époque et d'une génération n'est plus permise qu'aux esprits vulgaires. La dernière œuvre de Nietzsche,* Le Cas Wagner, *qui vient de paraître, est une démonstration exemplaire de sa manière d'envisager l'histoire...* [...] *... Nietzsche constitue une culture à lui seul. Ses livres sont ce qu'on peut lire de plus substantiel, de plus condensé. Dans chacune de ses phrases, on trouve un aperçu, un jugement qui n'appartient qu'à lui, ne peut appartenir qu'à lui. Ses œuvres, et notamment le livre des livres,* Ainsi parlait Zarathoustra, *devraient être la fierté des Allemands, car ils relèvent le niveau de toute leur littérature : mais, en Allemagne, on ne sait rien de cela, on n'y est pas préparé, on n'a pour cela ni le cœur, ni l'entendement nécessaire. A Paris, les livres de Nietzsche susciteraient une avalanche d'articles et de pamphlets, toute la classe intellectuelle française s'en emparerait, des partis philosophiques antagonistes se constitueraient, bref les problèmes qu'ils posent seraient publiquement discutés. Chez les Allemands, comme nous le disions, on ne sait que faire de ces problèmes, pour eux, ils sont encore ensevelis à des lieues sous la terre, ils manquent de cette formation séculaire de moraliste que tout Français qui compte a depuis Montaigne, ils manquent même du simple intérêt, du raffinement psychologique qu'il faudrait, pour les apprécier. L'attitude des Allemands envers Nietzsche constituera une page peu glorieuse dans l'histoire de leur infériorité intellectuelle croissante ».... Il conclut, « Si l'on est Wagnérien, on doit déplorer comme une calamité que ce soit justement Nietzsche, première et dernière autorité en matière d'interprétation wagnérienne, qui ait subi cette intime conversion qui l'a emporté bien au-delà des tendances de Wagner et de son époque. Sa culture antiromantique, antichrétienne, antirévolutionnaire, antidémocratique bref, sa supériorité aristocratique l'éloigne (et l'a toujours éloigné) définitivement de la cause wagnérienne. Si, jadis, il s'était abusé à ce sujet, il était dans la même erreur qu'un autre ami de Wagner, le comte de Gobineau, qui voulait à tout prix reconnaître dans les* Nibelungen *ses aïeux, ses antiques* Vikings *(alors qu'il avait assez de goût pour se détourner de* Parsifal*). Mais Nietzsche découvre maintenant aussi dans les héros de Wagner toute la modernité de l'âme, son va-et-vient entre morale chrétienne et morale des seigneurs. La musique de Wagner déjà, cette* musica sensibilissima *ultra-moderne, lui semble inadaptée et peu naturelle comme langue* d'anciens héros nordiques. » La critique de Gast était suivie d'un commentaire de la rédaction, dû à Avenarius, qui, tout en reconnaissant par ailleurs les mérites de N., déplorait le caractère de pamphlet journalistique du Cas Wagner : « On peut partager les vues de Nietzsche, et même les avoir entièrement faites siennes, sans cesser d'admirer pleinement Wagner — Friedrich Nietzsche " junior " le prouve lui-même à Friedrich Nietzsche " senior "... » Il concluait : « Le revirement d'un " Wagnérien " éminent, peut-être même du plus éminent d'entre eux, est un fait. Si celui-ci nous avait donné un exposé objectif et mesuré des raisons qui ont invalidé ses raisons antérieures, nous ne lui devrions que de la gratitude : soit, c'est peu probable, parce qu'il nous aurait convaincu, soit, plus vraisemblablement, parce qu'il nous aurait donné l'occasion d'une révision sévère avant de le réfuter. Mais tel que se présente son livre, il fait presque l'impression d'être dû à un journaliste plein d'esprit, qui joue avec de grandes idées. Le fait qu'il s'agisse de ses propres idées lui donne droit à notre compréhension. Mais il nous reste le regret que, cette fois, Friedrich Nietzsche ait écrit comme un journaliste. »

N., très satisfait de l'article de Gast, aurait voulu le faire traduire en anglais par Helen Zimmern (réponse négative de cette dernière à la fin du mois). Après une brève correspondance avec Avenarius, le Kunstwart publie deux lettres de N. à Avenarius. Dans la première, il écrit : « En cette année, où repose sur mes épaules une tâche immense, celle de l'Inversion de toutes les valeurs, et, où, littéralement, je porte le destin de l'humanité, c'est de ma part une preuve de force, que d'être pitre, Satyre, ou, si vous préférez, " journaliste ", au point où je l'ai été dans le Cas Wagner. Que l'esprit le plus profond puisse également être le plus frivole, voici presque la formule de ma philosophie : il se pourrait que je me sois déjà diverti, et de manière invraisemblable, aux dépens de tout autres " grandeurs "... Enfin, cela n'affecte en rien ma piété envers Wagner : le mois dernier encore, j'ai élevé un monument impérissable à cette époque inoubliable de notre intimité, et ce dans une œuvre qui est actuellement à l'impression et qui dissipera tout soupçon à mon égard. Vos soupçons également, très Cher Monsieur! Nietzsche junior n'a jamais, au sujet de Wagner, été en contradiction avec Nietzsche senior : reste encore à prouver que cet individu X dont on étudie la psychologie dans la quatrième Inactuelle, ait quoi que ce soit à voir avec le mari de Madame Cosima, à moins...? Savez-vous bien que M. Peter Gast est le premier musicien vivant? L'un des rares, parmi ceux de toutes les époques, qui soient capables de perfection? Les musiciens, entre nous, trouvent que j'ai tout prouvé, et même plutôt trop... On m'écrit lettre sur lettre... » (9 décembre). Dans la deuxième lettre, on lit : « Permettez-moi, en toute bonne humeur, un post-scriptum : il semble que, dans le Cas Wagner rien n'aille sans post-scriptum! — Pourquoi avez-vous dissimulé l'essentiel à vos lecteurs? A savoir que mon " revirement ", comme vous dites, n'est pas d'hier? Il y a maintenant dix ans que je bataille contre la perversion de Bayreuth, Wagner me tenait depuis 1876 *pour son vrai et son unique adversaire, on en trouve trace un peu partout dans ses derniers écrits. L'opposition entre un décadent et une nature qui crée par surabondance de forces, (c'est-à-dire une nature* dionysiaque*), qui est le jeu le plus ardu, saute pourtant aux yeux... Nous sommes comme le jour et la nuit, le pauvre et le riche. Parmi les musiciens, la pauvreté de Wagner ne fait plus de doute : devant moi, qui rends sincères les plus butés, les plus ardents partisans de son école l'ont honnêtement reconnu.* » (*10 décembre*). La lettre se termine sur une liste de tous les passages des œuvres antérieures de N., qui attestent son « revirement » à l'égard de Wagner. C'est là le premier « noyau » de ce qui deviendra Nietzsche contre Wagner. Dès le 11 décembre, N. propose à Spitteler une telle publication, avec pour sous-titre « Documents tirés des écrits de Nietzsche » et une préface de Spitteler. Tout de suite après, le 12 décembre, N. renonce à ce projet : « *Derrière une publication telle que celle que je vous ai proposée hier, on ne manquerait en aucun cas de découvrir ma main : il y a trop d'affaires privées dans les passages qui devraient être imprimés* » (*Carte postale à Spitteler*).

A Carl Fuchs : « *... entre-temps, tout va à merveille ; jamais je n'ai connu, et de loin, une période comparable à celle qui va du début septembre à aujourd'hui. Des tâches inouïes accomplies comme en me jouant ; la santé, pareille au temps, qui se lève tous les matins avec une clarté et une fermeté inébranlables. Je ne saurais raconter tout ce que j'ai achevé : tout est achevé. Au cours des prochaines années, le monde sera à l'envers : quand le Dieu ancien aura abdiqué, c'est moi qui désormais gouvernerai le monde... Ne vous sentiriez-vous pas un peu d'humeur belliqueuse ? Je souhaiterais vivement, maintenant, qu'un, que le — musicien plein d'esprit prenne publiquement parti pour moi en tant qu'antiwagnérien, et jette le gant aux Bayreuthiens ! Une petite brochure dans laquelle on dirait sur moi des choses neuves et décisives, avec une application précise au cas particulier de la musique — qu'en pensez-vous ? Rien de long et de pesant, quelque chose de frappant, de percutant... Le moment est favorable. On peut encore dire sur mon compte des vérités qui, dans deux ans, passeront pour de banales niaiseries** (*11 décembre*).

Le 15 décembre, N. envoie à Leipzig la copie destinée à l'impression de Nietzsche contre Wagner : « *Hier, j'ai envoyé à Naumann un manuscrit qui doit sortir en premier, donc avant* Ecce Homo. *Je ne trouve pas les traducteurs pour* Ecce : *il me faut différer de quelques mois l'impression. Enfin, cela ne presse pas. Le nouveau livre vous fera plaisir : — vous y apparaissez — et dans quels termes ! Il s'appelle* Nietzsche contre Wagner/Dossier d'un psychologue. *C'est essentiellement la caractérisation de deux antipodes, dans laquelle j'utilise une série de passages de mes écrits antérieurs et donne ainsi un pendant très sérieux au* Cas Wagner.

Cela n'empêche pas que les Allemands y soient traités avec une

---

* En français dans le texte.

cruauté déconcertante, la brochure. (qui fait environ trois feuilles) est anti-allemande à l'extrême. A la fin, apparaît quelque chose dont même l'ami Köselitz n'a pas la moindre idée: un chant (ou appelez cela comme vous voulez) de Zarathoustra, intitulé « De la pauvreté du plus riche » *— savez-vous, une septième petite félicité, et, de plus un huitième de... musique...* » *(Lettre à Gast, 16 décembre). Au sujet de la* « *traduction* », *N. avait reçu de Strindberg la réponse suivante (en français) :* « Vous pouvez comprendre que la traduction de votre ouvrage est une grosse question d'argent et vu que je suis un pauvre diable (femme, trois enfants, deux domestiques, dettes, etc.), je ne pourrais vous donner un rabais d'autant moins que je serais obligé de travailler en poète et non seulement en manœuvre. Si vous ne reculez devant les dépenses considérables comptez donc sur moi et mon talent. Au cas contraire je serai à votre disposition pour trouver la piste d'un traducteur français aussi compétent que possible » *(lettre du 11 décembre).*

« *Une dernière chose, mais non la dernière : tous ceux qui ont maintenant à faire avec moi, jusqu'à la marchande des quatre-saisons, qui me choisit ses plus belles grappes de raisin, sont des gens parfaitement accomplis, très prévenants, gais, un peu grassouillets, — et même les garçons de café. — Le prince de Carignano vient de mourir : nous allons avoir de grandioses funérailles »* (à Gast, 16 décembre). (Cf. EH, « Pourquoi j'écris de si bons livres », § 2 (p. 279, note 1), et d'autres lettres de N. datant de ces quelques jours.

Le 16 décembre, il reçoit une lettre de Taine, en réponse à l'envoi de Crépuscule des Idoles : « ... vous avez raison de penser qu'un style allemand si littéraire et si pittoresque demande des lecteurs très versés dans la connaissance de l'allemand ; je ne sais pas assez bien la langue pour sentir du premier coup toutes vos audaces et finesses... » *(lettre du 14 décembre). (Cf. à ce propos la citation in EH,* « Pourquoi j'écris de si bons livres », § 2, p. 133, note 2.) *Pour la traduction de* Crépuscule des Idoles, *Taine recommande Jean Bourdeau,* « rédacteur du *Journal des Débats* et de la *Revue des Deux-Mondes :* c'est un esprit très cultivé, très libre, au courant de toute la littérature contemporaine ; il a voyagé en Allemagne, il en a étudié soigneusement l'histoire et la littérature depuis 1815, et il a autant de goût que d'instruction ». *N. est enthousiasmé par cette lettre : à ses yeux Jean Bourdeau devient rédacteur en chef de ces deux publications et l'une des personnalités les plus en vue de la vie littéraire française. Il écrit à sa mère :* « Au fond, ta vieille créature devient en ce moment un animal terriblement célèbre : pas précisément en Allemagne, car les Allemands sont trop bêtes et trop vulgaires pour la hauteur de mon esprit et ils se sont toujours déshonorés dans leurs rapports avec moi, mais partout ailleurs. Je n'ai que des natures d'élite parmi mes admirateurs, que des gens bien placés et influents, à Saint-Pétersbourg, à Paris, à Stockholm, à Vienne, à New York. Ah, si tu savais en quels termes les premiers personnages m'expriment leur dévouement, les femmes les plus charmantes, sans en excepter une " Madame la Princesse Tenicheff* ". *J'ai de vrais génies parmi mes admirateurs, — il n'y a pas de nom qui soit aujourd'hui prononcé avec plus de considération et de respect que le mien. Et voici le comble: sans nom, sans titre, sans fortune, je suis traité ici comme un vrai petit prince, et ce par tout le monde, à commencer par la marchande des quatre-saisons qui n'a de cesse qu'elle ne m'ait choisi la plus mûre de ses grappes (la livre coûte maintenant 28 pfennigs). Par bonheur, je suis maintenant à la hauteur de tout ce que ma mission exige de moi. Mon état de santé est véritablement excellent: les tâches les plus ardues, celles qu'aucun homme n'a encore eu la force d'accomplir, me semblent légères. Turin est vraiment ma résidence: ah, avec quelle distinction on m'y traite!* » (21 décembre). (*Cf.* EH « Pourquoi j'écris de si bons livres, § 2.)

Vers le 20 décembre, Nietzsche répond à la lettre de Strindberg, notamment au sujet du problème de la traduction: « *En même temps que votre lettre, j'en ai reçu une autre de Paris, de M. Taine, pleine des louanges les plus choisies pour* Crépuscule des Idoles, *ses* "audaces* " *et ses* "finesses* ", *et me conseillant très vivement de charger de me faire connaître en France, par les moyens appropriés, son ami, le rédacteur en chef du* Journal des Débats *et de la* Revue des Deux-Mondes, *dont il ne sait assez louer la profonde et libre intelligence, même en ce qui concerne la forme et la connaissance de l'allemand et de la culture allemande. Finalement, depuis des années, je ne lis plus que le* Journal des Débats. *En prévision de cette ouverture de mon Canal de Panama vers la France, j'ai remis sine die la publication d'œuvres nouvelles (il y en a trois qui sont entièrement prêtes à l'impression). Tout d'abord il faut que soient traduits les deux livres capitaux,* Par-delà bien et mal *et* Crépuscule des Idoles : *cela me présentera en France.* » On ne possède que des fragments de la lettre de N. à Jean Bourdeau. Il écrit notamment: « *... Par bonheur, nommé à 24 ans professeur d'Université à Bâle, je n'ai pas eu besoin de mener une guerre incessante et de me gaspiller en vaines querelles. A Bâle, j'ai trouvé le vénéré Jakob Burckhardt, qui m'a d'emblée été profondément attaché — j'avais avec Richard Wagner et sa femme, qui habitaient alors à Tribschen, près de Lucerne, des relations d'une intimité telle que je n'aurais pu souhaiter liens plus précieux. Au fond, je suis peut-être un vieux musicien ambulant. — Plus tard, la maladie m'a détaché de ces dernières relations, et m'a plongé dans un état de profonde méditation qui n'a peut-être jamais été atteint à ce degré. Et comme il n'y a dans ma nature rien de maladif et d'arbitraire, je n'ai pratiquement pas ressenti cette solitude comme une pression, mais comme un inappréciable privilège et même comme une très grande pureté. De même, personne ne s'est plaint que je lui fasse grise mine, pas même moi: j'ai peut-être découvert des mondes de pensées plus sombres et plus inquiétants que quiconque, mais seulement parce qu'il était dans ma nature d'aimer l'aventure. Je compte la gaîté au nombre des preuves de ma philo-*

---

* En français dans le texte.

sophie. ... *Peut-être prouverai-je cette phrase par les deux livres que je vous adresse ci-joint... Veuillez bien considérer, très honoré Monsieur, si* Crépuscule des Idoles, *un livre d'une pensée radicale et d'une forme audacieuse, ne devrait pas être traduit. C'ste celui qui permettrait l'initiation la plus rapide et la plus profonde à ma pensée; je ne crois pas qu'il soit possible de présenter plus de substance en si peu d'espace. — Du livre sur* Wagner, *on me dit qu'il est si français de pensée que l'on ne pourrait pas le traduire en allemand. — Les œuvres qui vont provoquer une décision finale, et par qui il s'avérera peut-être que le brutal calcul de la politique actuelle était une erreur de calcul, sont entièrement terminées et prêtes à l'impression.* Ecce Homo ou comment on devient ce que l'on est *va paraître incessamment. Ensuite,* Inversion de toutes les valeurs. *Mais ces œuvres également devraient d'abord être traduites en français et en anglais, car je ne veux pas que mon sort dépende d'une mesure de la police impériale... Ce jeune empereur n'a jamais entendu parler des seules choses pour lesquelles nous autres avons des oreilles: otite, et presque "* méta-otite *"... J'ai l'honneur d'être de longue date un lecteur du* Journal des Débats: *l'insensibilité totale des Allemands d'aujourd'hui à toute sorte de pensée supérieure s'exprime de manière presque effrayante dans leur comportement à mon égard depuis seize ans. Je sens qu'il n'y a pas de livre plus décisif, plus profond, et, si l'on a des oreilles, plus excitant que le "* Marteau des idoles *" * : c'est une véritable crise qui s'y exprime, mais aucun Allemand n'en a la moindre idée — et moi, je suis tout le contraire d'un fanatique et d'un apôtre, et je ne supporte aucune sagesse qui ne soit épicée de beaucoup de malice et de bonne humeur. Mes livres ne sont même pas ennuyeux — et pourtant, aucun Allemand n'en a la moindre idée... Ma crainte est que lorsqu'on aborde en moraliste l'une de mes œuvres, on ne la corrompe: c'est pourquoi il est grand temps que je revienne au monde en Français... »*

A Gast: « *Très curieux! Depuis quatre semaines, je comprends mes œuvres — mieux, je les estime. Sérieusement, je n'avais su ce qu'elles représentent; je mentirais si je disais — qu'à l'exception de Zarathoustra — elles m'en imposaient —. C'est comme la mère avec son enfant. Elle l'aime peut-être, mais dans une stupide ignorance de ce que l'enfant est. — Maintenant, j'ai la conviction absolue que tout est réussi, depuis le début, — que tout est un et tend à l'unité. Avant-hier, j'ai lu la* Naissance *: quelque chose d'indescriptible, de profond, de tendre, d'heureux... N'allez pas voir le professeur Deussen: il est trop stupide pour nous, — trop ordinaire. — Monsieur Spitteler s'est, depuis votre < article du >* Kunstwart, *transformé en statue de sel : il ne peut détacher les yeux de sa sottise de janvier dernier... Quant à* Nietzsche contre Wagner, *nous ne l'imprimerons pas.* Ecce *contient tout ce qui compte, sur ces relations également. Le passage consacré au maestro Pietro Gasti est déjà reporté dans* Ecce. *Peut-être vais-je aussi y*

---

* En français dans le texte.

joindre le chant de Zarathoustra — il s'appelle « De la pauvreté du plus riche ». *Comme intermède entre deux grandes parties* » *(22 décembre). N. propose à Avenarius le titre de* Nietzsche contre Wagner *pour un tiré à part de l'article de Peter Gast (lettre à Avenarius du 22 décembre, réponse négative d'Avenarius le 24 décembre). Dans une lettre à Naumann qui n'a pas été conservée, N. donne instruction de ne pas imprimer* Nietzsche contre Wagner.

A Overbeck: « *Il faut que l'affaire soit rapidement réglée avec Fritzsch, car dans deux mois, mon nom sera le premier sur terre.* — *J'ose à peine ajouter qu'au Paraguay, les choses vont aussi mal que possible. Les Allemands qu'on y a attirés sont furieux, réclament leur argent* — *on n'en a pas. Il y a déjà eu des voies de fait. Je crains le pire.* — *Cela n'empêche nullement ma sœur de m'écrire pour le 15 octobre* [anniversaire de N.] *avec ses pires sarcasmes, que je me décide enfin à devenir* " *célèbre* ". *C'est assurément, ajoute-t-elle, une belle chose, mais quelle racaille j'ai été me choisir! Des Juifs qui ont mangé à tous les râteliers, comme Georg Brandes... Et elle m'appelle encore* " *Fritz de mon cœur* " *!... Cela dure depuis sept ans!* ——— *Ma mère n'en sait encore rien: voilà mon tour de force. Pour Noël elle m'a envoyé une pièce intitulée* " *Fritz et Lieschen* " » *(jour de Noël). Le passage incriminé de la lettre de sa sœur est le suivant:* « *La semaine prochaine arrivera un de nos chers amis danois, j'espère qu'il apportera quelques journaux du Danemark et me traduira ce qu'on y trouve sur toi. Pour ma part, je t'aurais souhaité un autre apôtre que M. Brandes, il a mis son nez dans toutes sortes d'affaires et mangé à beaucoup trop de râteliers, mais il est vrai que l'on ne peut pas choisir ses admirateurs et une chose est certaine: il va te mettre à la mode, car c'est une chose qu'il sait faire. Mais je ne peux me retenir de te donner un conseil sincère: évite de le rencontrer personnellement, écrivez-vous vos aimables sentiments, mais ne le laisse pas t'approcher de trop près. Deux de nos amis, M. Johannsen et M. Haug, le connaissent personnellement et ne sont pas particulièrement enthousiasmés, mais tous deux sont unanimes pour dire qu'il a un flair remarquable pour les phénomènes les plus intéressants de tous les temps et s'en sert pour se rendre intéressant. Mon cœur se réjouit qu'il ne soit plus question de faire le silence sur toi et que, par l'intermédiaire de Brandes, les vrais admirateurs qui te conviennent puissent entendre parler de toi.* — *Cher Fritz de mon cœur, voici que revient ton cher anniversaire, et cela me fait songer à toutes les années où nous avons ensemble, et maintenant hélas séparément, traversé la vie...* » *(lettre écrite au Paraguay le 6 septembre). (Cf. à ce propos* EH, « *Pourquoi je suis si sage* », § 3 *et* « Ainsi parlait Zarathoustra », § 5). *Quant à* Fritz et Lieschen, *les lettres de la mère de N. que l'on a conservées ne donnent aucun éclaircissement: peut-être s'agit-il d'une pièce en un acte* « Lischen et Fritzchen, conversation alsacienne " (1863) *de Jacques Offenbach? Il convient enfin de souligner que N., malgré ce qu'il affirme dans sa lettre à Overbeck, n'a pas dissimulé à sa mère l'irritation que lui avait causée la lettre de sa sœur. Elle écrivait à son fils, le*

30 décembre : « *Ta dernière lettre m'a fait un peu peur, car il m'a semblé, à la lire, que tu n'étais pas dans ton état normal, je n'ai pas l'habitude que tu prennes ce ton... Tu veux parler de la lettre que Lisbeth t'a écrite pour ton anniversaire? Je l'ai lue moi aussi, et je n'y ai rien trouvé de ce que tu imagines sous ses paroles... Mon vieux Fritz peut dire tout ce qu'il veut, mais pas qu'elle ait manqué d'affection dans sa conduite envers toi, ou en manque maintenant, je le sais mieux que toi, puisque j'ai passé ces trente dernières années avec elle. Elle aurait donné pour toi la prunelle de ses yeux, et même sa vie, et, dans son amour, l'homme ne peut donner davantage. Quant à savoir si son attitude a toujours été celle qui convenait, c'est à Dieu d'en juger, mais elle lui était dictée par les motifs les plus purs, et par le désir de t'être utile et d'écarter de toi tout ce qui pouvait te nuire.* » La lettre de N. à laquelle sa mère répondait est perdue ; elle a dû être écrite peu après Noël.

Dans la même lettre de Noël à Overbeck, on lit : « *Ce qui est frappant à Turin, c'est la complète fascination que j'exerce, bien que je sois l'homme le moins difficile et que je n'exige rien. Mais quand j'entre dans un grand magasin, tous les visages changent ; dans la rue, les femmes me regardent, — ma vieille marchande des quatre-saisons me réserve ses grappes les plus mûres et a baissé ses prix pour moi!... C'en est ridicule... Je mange dans l'une des premières trattorias avec deux immenses étages de salles et de salons. Je paie pour chaque repas 1,25 fr, pourboire compris — et l'on me donne les mets les plus choisis et les plus exquisément préparés (Moralité : je n'ai pas encore eu une seule fois mal à l'estomac...), avant que je n'avais pas la moindre idée de ce qu'étaient la viande, les légumes, ni de ce que peuvent être tous ces plats italiens typiques... Aujourd'hui, par exemple, les plus délicats ossobuchi, Dieu sait comment on dit en allemand, la viande adhérant aux os, merveilleusement moelleux! Là-dessus des broccoli préparés d'une manière incroyable, et pour commencer les macaroni les plus tendres. — Les garçons qui me servent sont éclatants de distinction et de prévenance : le mieux est que je n'ai aucune prétention envers personne... Comme tout est encore possible dans ma vie, je prends note de tous ces individus, qui m'ont découvert pendant mes années d'obscurité. Il n'est pas impossible que celui qui me sert maintenant soit mon futur cuisinier. — Personne ne m'a encore pris pour un Allemand... Je lis le Journal des Débats, on me l'a apporté d'instinct la première fois que j'ai mis les pieds dans le premier café. — Il n'y a d'ailleurs plus de hasards ; quand je pense à quelqu'un, une lettre de lui arrive poliment à ma porte... Naumann a le feu sacré. Je le soupçonne d'avoir fait imprimer même pendant les jours de fête. En deux semaines, cinq feuilles m'ont été envoyées. La fin de Ecce Homo est un dithyrambe d'une invention infinie, — je ne puis y songer sans éclater en sanglots. Entre nous soit dit, je viendrai à Bâle ce printemps, — cela m'est nécessaire! Au diable si l'on ne peut jamais dire un mot en confidence!...* »

C'est également de « *Noël* » qu'est daté l' « *Avant-Propos* » de Nietzsche contre Wagner : à cette occasion, lettre à Giosue Carducci au sujet de la traduction italienne de cette œuvre. C'est vraisemblablement lors de l'arrivée des épreuves envoyées de Leipzig, pendant ces jours de fête, que N. a changé d'avis en ce qui concerne la publication de ce pamphlet antiwagnérien.

A Carl Fuchs: « *Tout bien pesé, Cher Ami, parler et écrire à mon sujet n'a désormais plus grand sens: la question de savoir qui je suis, je l'ai réglée pour la prochaine éternité dans le livre* Ecce Homo, *actuellement à l'impression. Maintenant, il ne faut plus se soucier de moi, mais des choses qui justifient mon existence. — De même il se pourrait qu'au cours des prochaines années, les circonstances extérieures de ma vie connaissent une mutation si radicale que cela affecte jusqu'aux moindres détails et à la mission essentielle de mes amis — sans même parler du fait que, dans toute spéculation sur ce qui doit suivre, il conviendra d'omettre des phénomènes éphémères tels que le " Reich allemand ". — En premier lieu paraîtra* Nietzsche contre Wagner, *si tout va bien, en français également. Le problème de notre antagonisme y est traité si à fond que le problème de Wagner s'en trouve du même coup réglé définitivement. Dans ce livre, une page sur la musique (" Musique "), est peut-être ce que j'ai écrit de plus étonnant* » (27 décembre). Dans la même lettre, de même que dans des lettres à Peter Gast et à Naumann, N. propose la publication d'une conférence de Carl Fuchs sur Wagner, sous le titre « Le cas Nietzsche »: l'article de Gast dans le Kunstwart servirait de préface.

A Overbeck: « *Pour moi, je travaille en ce moment à un Mémoire à l'intention des cours européennes aux fins de constituer une ligue anti-allemande. Je veux enserrer le " Reich " dans une camisole de fer, et le provoquer à une guerre de désespoir. Je ne me sentirai pas les mains libres tant que je n'aurai pas entre mes mains le jeune empereur et ses comparses. Entre nous ! Tout à fait entre nous ! — Parfait calme plat de l'âme! Dormi douze heures sans interruption !* » (28 décembre). Du « Mémoire » de N. ne subsistent que des fragments; on y trouve des attaques contre Bismarck (notamment au sujet de l'affaire Geffcken), Guillaume II, Stöcker, et, d'une manière générale, la maison des Hohenzollern (c'est ainsi que Frédéric le Grand y est qualifié de « Frédéric le Voleur »).

Le 29 décembre, N. reçoit une lettre de Strindberg, qui le remercie pour la « grandiosissime » Généalogie de la morale. Il reçoit également une lettre de Jean Bourdeau: « *Votre nom ne m'est nullement inconnu. J'avais lu autrefois dans le volume du regretté M. Hillebrand, intitulé* Wälsches und Deutsches, *une analyse de vos* Unzeitgemässe Betrachtungen... *Mon maître et ami M. Monod m'avait signalé votre ouvrage intitulé* Jenseits von Gut und Böse. *Il a eu l'obligeance de m'envoyer votre brochure sur Wagner, et j'ai promis d'en donner une analyse dans le* Journal des Débats » (27 décembre). N. à Naumann: « *Une lettre extrêmement aimable et obligeante de M. Bourdeau... envisage pour commencer la (sic)* Crépuscule des Idoles... *Pour la même œuvre, je suis en pourparlers au sujet d'une traduction anglaise et d'une italienne. Il faut d'abord avoir jeté un pont. — Un reste de manuscrit, qui ne contient que des* choses de tout premier ordre, dont le poème qui doit conclure Ecce Homo, vous a été adressé aujourd'hui en recommandé... *Je pense comme vous que pour Ecce nous ne devrions pas excéder le nombre de 1 000 exemplaires : 1 000 exemplaires, c'est, en Allemagne, pour une œuvre de haut style, peut-être déjà un peu fou, — pour la France, je compte, très sérieusement, sur 80-400 000 exemplaires* » *(29 décembre).* Brouillon de lettre à Ruggiero Bonghi pour la traduction italienne de Crépuscule des Idoles : « *Que nous chaut, au nom du ciel, la frénésie dynastique de la maison Hohenzollern? Ce n'est pas un mouvement national, mais seulement un mouvement dynastique... Le prince Bismarck n'a jamais songé au " Reich " — de tous ses instincts, il n'est que l'instrument docile de la dynastie Hohenzollern! — et cette manière d'exciter l'égoïsme des peuples est, partout en Europe ressentie comme grande politique et presque enseignée comme un devoir !... Il faut mettre fin à cela — et je suis de force à le faire... Pour la traduction de Götzendämmerung, les pourparlers ont commencé pour la France et avec un traducteur anglais, — ce livre suffirait en Italie également, pour régler définitivement toutes les questions absurdes, dont celle du pape. Je vous serais reconnaissant de soumettre cette lettre à Sa Majesté le roi Umberto. Il n'y a pas meilleur ami de l'Italie que moi. Je pense que j'aurai besoin de Victor Buonaparte comme empereur de France.* »

A Meta von Salis : « *Pendant ce temps, je commence à devenir célèbre, d'une manière à peine concevable. Je crois que jamais mortel n'a reçu de lettres telles que celles que je reçois, et toutes venant des intelligences les plus rares, de caractères qui se sont affirmés dans les plus hautes charges et positions. De partout : et la plus haute société pétersbourgeoise n'est pas la dernière à m'écrire. Et les Français! Je voudrais que vous entendiez le ton sur lequel M. Taine m'écrit! Je viens de recevoir une lettre ensorcelante, et peut-être ensorcelée, de l'un des premiers et des plus influents hommes de France, qui se fait une obligation de faire connaître et de traduire mes écrits — ce n'est rien moins que le rédacteur en chef de* La Revue des Deux-Mondes *et du* Journal des Débats, *Monsieur Bourdeau. Il m'annonce d'ailleurs qu'une critique de mon* Cas Wagner *va paraître en janvier dans le* Journal des Débats — *et par qui? Par Monod... — J'ai, parmi mes lecteurs, un authentique génie, le Suédois August Strindberg, qui me tient pour l'esprit le plus profond de tous les millénaires... Le plus étonnant est la véritable fascination que j'exerce ici, à Turin, — dans tous les milieux. A chaque instant, on me traite comme un prince — il y a une véritable distinction dans la manière dont on m'ouvre la porte, me présente un plat. Tous les visages changent quand je pénètre dans un grand magasin. — Et comme je n'ai pas la moindre prétention et, avec la plus parfaite sérénité, reste égal avec tous, mais arbore le contraire d'un visage renfrogné, je n'ai besoin ni d'un nom, ni d'un titre, ni d'une fortune, pour être toujours et partout le premier.* — — *Afin que les contrastes ne manquent pas! Ma sœur, pour mon anniversaire, m'a déclaré avec les pires sarcasmes que je me* décidais enfin à devenir " célèbre "... *Ce seraient de belles canailles qui croient en moi... Et cela dure depuis sept ans...* — Encore un exemple. *Très sérieusement, je tiens les Allemands pour une espèce abjecte, et remercie le ciel d'être, dans tous mes instincts, Polonais, et rien d'autre* » (29 décembre). (Au § 3 de « Pourquoi je suis si sage », in EH, N. affirme sa prétendue origine polonaise et maudit du même coup sa mère et sa sœur.)

Une forte tension psychique, qui confine maintenant au délire, n'empêche pas N. de suivre avec attention et lucidité l'impression de ses livres: le 30 décembre encore, il envoie à Leipzig une carte pour indiquer avec la plus grande précision des modifications à apporter au texte de Nietzsche contre Wagner. Du même jour, brouillon de lettre à Gast, où N., par contre, paraît en proie à des idées délirantes: il s'intitule « princeps Taurinorum », dispose du trône de France (en faveur de « Victor Buonaparte », nomme Jean Bourdeau ambassadeur à sa propre cour, règle le sort de l'Alsace-Lorraine, etc. Dans ce fragment encore inédit, N. compare Ecce Homo à la « Mole Antonelliana » *(dont, dans sa dernière lettre à Burckhardt, le 6 janvier 1889, il citera encore l'architecte, « Antonelli, vieux comme Mathusalem »).* « *Puis, j'ai écrit,* lit-on dans ce fragment, — *avec une pétulance héroïco-aristophanesque, ma proclamation aux cours européennes, les appelant à anéantir la dynastie des Hohenzollern, ce nid d'idiots et de criminels écarlates.* » (*Cette proclamation a effectivement été adressée à Jean Bourdeau. Celui-ci répondit, le 4 janvier 1889: « J'ai reçu également votre manuscrit de Turin, qui témoigne de vos sentiments antiprussiens, et qui ne peuvent que resserrer les liens de sympathie entre un auteur tel que vous et un lecteur français. Il ne me semble pas de nature à pouvoir être publié. »*) Pourtant, N. écrivait le 30 décembre encore une lettre tout à fait normale à A. Heusler, à Bâle, lui demandant son aide pour le rachat à Fritzsch de ses œuvres.

Le 31 décembre, à Gast, qui lui avait fait part de ses doutes quant au projet de brochure écrite en commun avec Fuchs sur le « Cas Nietzsche »: « *Vous avez mille fois raison! Prévenez-en vous-même Fuchs... Vous trouverez dans Ecce Homo une page extraordinaire sur Tristan, et, de manière générale, sur mes rapports avec Wagner. Wagner est de loin le nom qui revient le plus souvent dans EH.* — *Là où je ne laisse pas le moindre doute sur rien, j'ai eu le courage d'aller jusqu'au bout.* — *Ah, mon ami! Quel moment! Lorsque votre carte est arrivée, qu'étais-je en train de faire?... C'était le fameux Rubicon...* — *Je ne sais plus mon adresse: mettons qu'elle pourrait prochainement être le palazzo del Quirinale.* » A Strindberg: « *Vous allez bientôt entendre ma réponse à votre nouvelle: elle claquera comme un coup de fusil... J'ai convoqué à Rome une assemblée des princes, je veux faire fusiller le jeune Kaiser. Au revoir! Car nous nous reverrons... Une seule condition: divorçons... Nietzsche Caesar.* » (*La signature « Caesar » est manifestement à rapprocher du « Rubicon » dont il parle dans son mot à Gast. Peut-être ce que N. « faisait » était-il l'envoi à Jean Bourdeau de cette « proclamation », convoquant une « assemblée des princes » à Rome?*)

1889, 1er-9 janvier, Turin.

1er janvier : *N. demande à Leipzig qu'on lui renvoie* Gloire et Éternité, *afin d'insérer ce poème dans les* Dithyrambes.

2 janvier : *dédicace des* Dithyrambes *à Catulle Mendès. La copie destinée à l'imprimeur est terminée. N. renonce définitivement à publier* Nietzsche contre Wagner.

3 janvier : *l'effondrement. A partir de cette date,* « billets de la folie » *à : Peter Gast, Hans von Bülow, Erwin Rohde, Meta von Salis, Cosima Wagner, Carl Spitteler, Franz Overbeck, Jacob Burckhardt, H. Wiener, etc. La lettre du 5 janvier, le témoignage le plus étendu des premiers jours de sa nuit mentale, amène Burckhardt à aller trouver Overbeck pour lui faire part de son inquiétude.*

7 janvier : *Overbeck quitte Bâle pour Turin.*

8 janvier : *Première rencontre d'Overbeck et de N. dans son logement turinois.*

9 janvier : *Overbeck ramène à Bâle son ami maintenant dément.*

Notes et variantes

NOTES ET VARIANTES DE
LE CAS WAGNER

Du *Cas Wagner* ne nous sont parvenus ni les deux manuscrits établis successivement par N. en vue de l'impression, ni les épreuves. Seul a été conservé (à la Bibliothèque de l'Université de Bâle) le feuillet envoyé au dernier moment par Nietzsche à Naumann et contenant deux ajouts destinés à l' « Épilogue ». Ce feuillet provient des papiers posthumes de Paul Lauterbach, l'éditeur de *L'Unique et sa propriété* de Stirner. Lauterbach appartenait au cercle des amis de Peter Gast et Gustav Naumann (neveu de l'éditeur de N.), commentateur de *Zarathoustra* et l'un des ennemis de la première heure d'Élisabeth Förster-Nietzsche). Selon une note de lui portée sur ce feuillet, il le reçut « en cadeau » de Peter Gast en 1892. C'est probablement de la même façon — « cadeaux » de Gast à des admirateurs de N. — qu'ont été perdus d'autres manuscrits, parmi lesquels la copie destinée à l'imprimeur du *Cas Wagner*. Les épreuves furent corrigées par N. et Gast entre la fin de juillet et la fin d'août 1888.

AVANT-PROPOS

P. 17.

1. *Tourner le dos... longue histoire*] On trouve à ce propos, dans le manuscrit W II, ces notes fragmentaires : « Prendre congé de Wagner. / Empêtré dans la wagnéromanie. / Obscur, plein de contradictions et de pressentiments » (W II 7, 70), ainsi que d'autres notations, portant sur le style, in W II 7, 88.
2. Cf. EH « Pourquoi je suis si sage », § 2, au début.

P. 18.

1. Cf. PBM 212.

LE CAS WAGNER

P. 19.

1. « Dire en riant des choses graves. » Cf. Horace, Satires I, 1, 24 : « *Quamquam ridentem dicere verum quid vetat?* »

1

P. 21.

1. *Une fois de plus... beau temps!*] On trouve une ébauche de ce passage dans W II, précédée de cette note : « Je décris ces impressions que j'ai souvent éprouvées successivement et que j'ai pu comparer : l'impression que *Carmen*, le chef-d'œuvre de Bizet, produit sur moi, et celle que me fait un opéra de Wagner. Dans le premier cas, avec un doux recueillement, je persévère jusqu'à la fin, dans l'autre, je prends la fuite... » (W II 6, 38). Puis, sur la même page : « *Sur l'effet de la musique de Wagner.* — Une musique sur laquelle on ne peut respirer en mesure est malsaine. Quand la musique s'avance avec une divine allégresse, nos muscles aussi sont à la fête : — nous sommes plus forts, et il est possible de mesurer cet accroissement de forces. Comment se fait-il que la musique de Wagner me débilite, qu'elle suscite en moi une excitation physiologique qui, à la fin, se traduit par une insidieuse transpiration? Après un acte, ou tout au plus deux, de Wagner, je prends la fuite. Que l'on n'en doute pas : tout art qui a contre lui la physiologie est un art récusé... La musique de Wagner, on peut la récuser physiologiquement... » A propos de ces derniers mots, cf. une variante du « Post-scriptum », dans laquelle N. fait allusion à un essai inédit : « *Wagner récusé par la physiologie* ». N. entendit pour la première fois la *Carmen* de Bizet à Gênes le 27 novembre 1881 (cf. sa lettre du 28 novembre 1881 à Peter Gast). Depuis lors, il assista à plusieurs représentations de cet opéra, notamment au printemps 1888, à Turin, à l'époque où il travaillait au *Cas Wagner*. Voir, par exemple, sa lettre à Gast sur les représentations du " Teatro Carignano " (20 avril 1888) : « *Successo piramidale, tutto Torino carmenizzato* ».

2. L'expression est de Wagner. (En allemand : « *unendliche Melodie* » ; littér. : « mélodie infinie ».)

2

P. 22.

1. Cf. Lettre de N. à Peter Gast, 11 août 1888 : « Le "leitmotiv" de mes plaisanteries sur " Wagner libérateur " fait naturellement allusion à l'inscription sur la couronne déposée par la Société

Wagner de Munich : " Au Libérateur, la Délivrance! ". » Voir également p. 46, note 3.

P. 23.

1. *J'envie... s'assouvit!*] Cf. VIII 10 [36], 11 [49], et, dans W II 3, cahier utilisé par N. peu avant la composition de CW, cette note, sous le numéro 319 : « Le trait de génie de Bizet, qui a donné une expression sonore à une sensibilité nouvelle — et pourtant si ancienne! — qui jusqu'alors ne s'exprimait pas dans la musique cultivée d'Europe, une sensibilité plus méridionale, plus brune, plus brûlée, que l'on ne peut comprendre dans le Nord humide... — Loin de l'idéalisme vaporeux du " cœur " allemand, rien qui convienne aux adolescents allemands, aux Siegfrieds " cuirassés de corne " et autres Wagnériens. Le bonheur bref et périlleux, la gaîté fataliste, *avec* un œil au regard séducteur, profond et terrible : la lascive mélancolie d'une danse mauresque ; la passion étincelante, acérée et rapide comme une dague ; des odeurs montant de l'après-midi jaunâtre de la mer, et qui épouvantent le cœur, comme s'il se souvenait d'îles oubliées où il aurait jadis séjourné, où il aurait dû séjourner à jamais... »

Cf. également : (in W II, n° 167 — automne 1887) : « Nous autres, fatalistes d'aujourd'hui, la lascive nostalgie d'une danse mauresque parlerait encore plus à notre cœur que la sensualité viennoise de la danse allemande — une sensualité trop blonde, trop stupide... »

2. Personnage du *Vaisseau Fantôme*.
3. Goethe, *Les années d'apprentissage de Wilhelm Meister*, IV 9, *Poésie et vérité*, III, 14.

3

P. 24.

1. PBM, 255.
2. Dans *Parsifal*. (N.D.T.).
3. La phrase entre crochets ne figure pas dans l'édition originale, la seule « autorisée » par N. La copie destinée à l'imprimeur est perdue et les brouillons conservés ne la donnent pas. C'est donc, à proprement parler, une interpolation, dont l'origine est inconnue. On la trouve dans les éditions Kögel (Naumann, 1895, GAK VIII, 12) et Seidl (Naumann, 1899, GA VIII, 11). C'est pourquoi elle a été traduite en son temps par Albert et citée par Andler, bien que, depuis 1899, toutes les éditions allemandes, fondées sur l'édition originale, l'omettent. En fait, le contexte montre qu'elle se justifie pleinement : elle constitue le premier terme d'une énumération, dont l'on trouvera plus bas : « Là encore, Lohengrin », puis « pour la *troisième* fois Lohengrin ». C'est pourquoi nous l'avons rétablie ici. (N.D.T.)

P. 25.

1. *Moi je me garde bien de la comprendre*] Première rédaction, (in W II 7, 107) : « C'est une énigme sur laquelle vous vous casserez les dents... Une énigme *éternelle !* Même les Bayreuthiens n'en sont pas venus à bout! »

2. La même citation de *Tristan* se trouve dans un fragment de l'été 1878 (IV 30 [110]).

3. Tout ce passage fait allusion à Cosima Wagner. Cf. à ce propos, le fragment posthume daté « Nice, le 25 novembre 1887 » : « Le *Parsifal* de Wagner était avant tout et d'emblée une manière d'abaisser son goût jusqu'aux instincts catholiques de sa femme, la fille de Liszt... et, en fin de compte, la manifestation de cette éternelle *lâcheté* de l'homme devant tout " Éternel Féminin ". On peut se demander si, jusqu'ici, tous les grands artistes n'ont pas été *corrompus* par leurs adoratrices?... » (W II 3, nº 308). Cosima, tout comme Richard Wagner jouera un rôle ambivalent tout au long de la dernière période de N. jusqu'à l'effondrement. (Cf. notamment EH « Pourquoi je suis si avisé », §3, p. 264, note 2). On lit également dans le fragment VIII 11 [27] : « Madame Cosima Wagner est la seule femme de grand style qu'il m'ait été donné de rencontrer ; mais je lui en veux d'avoir *corrompu* Wagner. » C'est enfin le lieu de citer un mystérieux brouillon de lettre de N. à Cosima Wagner ; il se trouve dans le cahier qui contient les dernières notes et ébauches de CW. Dans ce projet de lettre, N. répond à une attaque publique de la « veuve de Wagner », attaque qui n'avait pu avoir lieu, étant donné que le brouillon de N. date de la mi-septembre : « *Réponse à une lettre particulièrement aimable de la veuve de Wagner*/Vous me faites l'honneur de m'attaquer publiquement à l'occasion d'un ouvrage qui *révélait pour la première fois qui était Wagner.* — Vous tentez même de révéler à votre tour qui je suis. Je reconnais /pourquoi/ je suis à mon désavantage : j'ai de mon côté trop de droit, trop de raison, trop de *soleil*, pour qu'il me soit *permis* de me battre en de telles circonstances. Qui me connaît ? — Madame Cosima moins que quiconque. Qui connaît Wagner ? Personne, à part moi, et, en outre, Madame Cosima, qui sait bien que *j'ai raison*... elle *sait* que [---] a — dans ces conditions, je vous accorde tout : dans de telles circonstances, la femme même perd sa grâce, et presque sa raison... Ce n'est pas avoir tort que se taire : et ce, surtout quand on a tort... *Si tacuisses, Cosima mansisses*... Vous savez très bien à quel point je connais l'influence que vous avez exercée sur Wagner — Vous savez encore mieux à quel point je *méprise* cette influence... J'ai tourné le dos à Wagner et à vous dès l'instant où l'*imposture* a commencé... Avec l'expression d'une sympathie convenant aux circonstances. »

4. — *et les petites bonnes femmes le savent bien.*] « Oh, comme elle sait en tirer avantage, la rusée, la féminine " Éternelle-Femme " ! » (W 113, 161), Cf. Goethe *Faust II*, fin.

P. 26.

1. Dans tout ce passage, N. utilise le livre de Viktor Hehn *Gedanken über Goethe* (Berlin, 1887 — « Réflexions sur Goethe ») qu'il venait de lire au printemps 1888, et notamment le chapitre « Goethe et le public ». Il en recopie de nombreux passages dans le manuscrit W II 7, 137-139.

2. Cf. Hehn, *op. cit.*, p. 139 : « Seules les Juives furent moins sévères et pressentirent la grandeur non seulement créatrice, mais également morale, de Goethe : c'est qu'elles avaient plus d'intelligence innée que les blondes femmes de Basse-Saxe, bonnes et braves, mais conventionnelles et bornées. »

3. *Ibid.*, p. 107.

4. Cf. Gast à N. : « En lisant les épreuves de votre nouveau livre, mon regard a été arrêté par les mots " *Épigrammes vénitiennes* ". Je regrette de n'avoir pas pensé lors de ma relecture [du manuscrit] que vous deviez songer aux " *Élégies romaines* "... Souhaitez-vous corriger cette erreur en *addendum* à la dernière page du livre ? » (15 août 1888). Réponse de N. : « En fait, j'ai bien voulu dire " *Épigrammes* vénitiennes " et pas " Élégies romaines "). C'est un fait *historique* (ainsi que je l'ai appris dans le livre de Hehn), que ce sont ces pièces qui ont le plus choqué. » (18 août 1888.)

5. Personnage de *Tannhaüser*. (N.D.T.)

6. L'expression figure dans une lettre de Fr. H. Jacobi (18 février 1795), citée par Hehn, *op. cit.*

7. Citation d'une lettre de Goethe à Zelter, du 20 octobre 1831 (à propos de Fr. Schlegel), d'après Hehn, *op. cit.*

8. *La sainteté... vue basse.*] On lit, *in* W II 3, 8 : « La sainteté est un non-sens ; le philosophe nie les saints comme il nie les thaumaturges. Mais tout ce qui est plèbe et femme a droit à ce non-sens : c'est là le degré de vérité et de sagesse qu'il est encore capable de voir. »

P. 27.

1. Cette citation de Renan (*Vie de Jésus*, Paris, 1863, I, 451) est suivie dans W II 3, 11, de cette remarque : « Une jolie méchanceté de Renan. »

4

P. 28.

1. Cf. Schopenhauer *Le Monde comme volonté et représentation*, IV, § 59 (traduction Burdeau). Schopenhauer oppose l'optimisme conscient, qui est une insulte à la misère de l'humanité, et l'optimisme spontané, inconscient, plus excusable. (N.D.T.)

2. « J'ai fait une heureuse navigation en faisant naufrage. » Parole attribuée au philosophe Zénon de Cittium, fondateur du stoïcisme, qui s'était fixé à Athènes à la suite d'un naufrage au

large du Pirée. (Cf. Diogène Laërce *Vies et opinions des philosophes*, VII, I, 4). Le jeune N. avait consacré un de ses premiers travaux de philologie aux sources de Diogène Laërce. (N.D.T.) Cette citation est reprise par N. dans la version latine qu'en donne Schopenhauer in *Parerga*, I, 216; N. la cite déjà dans le fragment posthume IV 3 [19] (mars 1875).

5

3. Cf. VIII 15 [88] : « Les *décadents* * typiques, qui se sentent *nécessaires* dans leur dépravation du style, dont ils prétendent faire un goût supérieur et imposer la loi aux *autres*, les Goncourt, les Richard Wagner, sont à distinguer des *décadents* * qui ont mauvaise conscience, des *décadents* * malgré eux. » (W II 6, 61).

P. 29.

1. Allusion à Dostoïevski.
2. Cf. *Journal* des Goncourt, II, 279 : « Et le mot du docteur Moreau de Tours : " Le génie est une névrose "... » N. a lu le *Journal* à cette époque.

P. 30.

1. Karl Gutzkow (1811-1878) avait déjà comparé Wagner à Cagliostro. N. le fait pour la première fois dans GS 99. Cf. également la lettre du 25 juillet 1882 à Peter Gast et un brouillon de lettre à Malwida von Meysenbug de la même époque.
2. Cf. fragment VIII 11 [314] : « La musique de Wagner, un compromis entre les trois grands besoins modernes : le besoin de morbidité, le besoin de brutalité, le besoin de naïveté (d'idiotie). » (W II 3, 67). A cette époque, N. emploie le mot *idiot* dans le sens que lui donne Dostoïevski.

6

3. En W II 6, 116, rédaction antérieure, assez proche du texte définitif, sous le titre (souligné) : « *De l'influence de Wagner sur les compositeurs. Une farce.* »
4. « La beauté appartient au petit nombre », Horace, *Satires*, I, 9, 44.

P. 31.

1. Allusion à la théorie wagnérienne de la « mélodie continue » (en allemand, littér. : « *Mélodie infinie* »). (N.D.T.)
2. Rédaction antérieure, biffée par la suite : « Deuxièmement, pour ce qui est de la " profondeur " : il suffit de brasser à pleines

---

* En français dans le texte.

mains la fange de l'harmonie la plus trouble et la plus épaisse. Aussitôt, l'auditeur se frappe la poitrine avec pessimisme — et devient profond... »

P. 32.

1. Cf. *in* CI, *Ceux qui veulent « amender » l'humanité.*

P. 33.

1. L'essai *La religion et l'art* parut d'abord en 1880 dans les *Bayreuther Blätter*, puis, en même temps que le texte de *Parsifal* et d'autres écrits des dernières années, dans « Richard Wagner, PARSIFAL, *ein Bühnenweihfestspiel und andere Schriften und Dichtungen* », Leipzig, s.d. (BN). Wagner écrit, p. 322 : « On pourrait demander à l'auteur de cet essai : " Voulez-vous fonder une religion? " », et, un peu plus haut (p. 321) : « ... oui, nous le pressentons, nous le sentons même, et le voyons, que ce monde apparemment inéluctable du vouloir n'est, lui aussi, qu'un état passager, qui s'efface devant cette unique certitude : " Je sais que mon Rédempteur est vivant ! " » P. 289, nous trouvons aussi une allusion à N., lorsqu'il évoque ces « esprits forts » qui refusent de croire au péché originel.

7

2. Dans le paragraphe suivant, N. a utilisé des notes du manuscrit W II (3, 62, 63). On y trouve le nom de Paul Bourget, dont les idées ont influencé la théorie de N. sur le style décadent. On y lit : « Cette surcharge insensée dans le détail, cette insistance à souligner des traits ténus, l'effet de mosaïque : Paul Bourget. L'ambition d'un grand style — et, avec cela, le refus de renoncer à ce qu'il savait le mieux faire, le petit, le minuscule; cette surcharge des détails, ce travail de ciselure, à des moments où personne ne *devrait* avoir d'yeux pour les détails; cette instabilité de l'œil obligé d'accommoder pour regarder tantôt une mosaïque, tantôt de vastes fresques murales brossées à grands traits audacieux... J'attribue la torture très particulière que j'éprouve à l'audition de la musique wagnérienne au fait que cette musique est semblable à un tableau qui ne permettrait pas de rester à la même place... au fait que l'œil, pour comprendre, doit modifier son accommodation : tantôt se faire myope, afin de ne rien perdre de la ciselure raffinée de la mosaïque, tantôt s'adapter à des fresques brutales et audacieuses qui doivent être vues de très loin. C'est l'impossibilité de s'en tenir à une certaine optique qui détermine le style de la musique wagnérienne; style devant être entendu ici au sens d' " inaptitude au style " » (cf. VIII 11 [321]).

3. N. commença, au cours de son printemps turinois à remplir le cahier W II 9 de notes groupées sous ce titre; quelques-unes furent reprises plus tard dans CI (« Divagations... », §§ 8-11);

d'autres notations sur le même thème se trouvent dans les cahiers et les feuilles volantes de cette époque.

4. N. paraphrase ici un passage de Paul Bourget (*Essais de psychologie contemporaine*, Paris, 1883, I, 25) : « Une même loi gouverne le développement et la décadence de cet autre organisme qu'est le langage. Un style de décadence est celui où l'unité du livre se décompose pour laisser la place à l'indépendance de la page, où la page se décompose pour laisser la place à l'indépendance de la phrase, et la phrase pour laisser la place à l'indépendance du mot. » Cet emprunt a été signalé par W. Weigand (1893), Ernst Bertram (1918), J. Hofmiller (1931), et C. v. Westernhagen (1956). Dans un feuillet du carton Mp XVII (été 1887), on trouve cette note de la main de N. : « Style de décadence chez Wagner : chaque tournure isolée devient souveraine, la subordination et la coordination deviennent fortuites. Bourget, p. 25. »

P. 34.

1. *Qu'il est misérable... détresse.*] Première rédaction : « Avec quelle effronterie, quelle gaucherie, il avance en trébuchant! Comme son contrepoint forcé sonne faux! Ses procédés dans cette opération — le travail de polissage tenant lieu d'inspiration — rappelle les frères Goncourt : on se prend de pitié devant tant de détresse » (W II 7, 42).
2. Cf. PBM 11.
3. Cf. fragment IV 30 [50] : « L'art de Wagner conçu pour les myopes — trop grande proximité nécessaire (miniature), mais en même temps /pour les/ presbytes. En tout cas, pas (pour) un œil normal. » N. a écrit cette phrase dix ans plus tôt, pendant l'été 1878.

P. 35.

1. *Si l'on veut... crue.*] Cf. *in* W II 7, 77 : « ...Tout le reste n'est qu'histrionisme, imposture, ou si l'on préfère : musique pour [les idiots] la masse. »
2. *Le Prélude... musique.*] Cf. VIII 11, [323] : « il hypnotise les petites femmes mystico-érotiques, du fait que sa musique leur fait sentir jusque dans leur moelle l'esprit d'un magnétiseur (— que l'on observe le Prélude de *Lohengrin* dans ses effets physiologiques sur les sécrétions et [- - -] » (W II 3, 63).
3. *Mais... alangui*] Cf. lettre de N. à Peter Gast du 21 janvier 1887, sur le Prélude de *Parsifal* : « Un peintre a-t-il jamais peint un regard aussi plein de mélancolie amoureuse, que Wagner dans les dernières mesures de son Prélude? »
4. *Que nous chaut... compatir- - -*] Cf. in W II 6, 110-111, ce passage, sous le titre : « *Opinions personnelles sur le goût de la musique de Wagner* » (souligné) : « Tout ce qui, dans l'œuvre de Wagner, est devenu populaire, même hors du théâtre, est de la musique d'un goût douteux et *gâte* le goût. Contre l'exaspérante brutalité de l'ouverture de *Tannhäuser*, j'ai maintenant la même

réaction de défense que lorsque j'étais adolescent : j'en deviens un vrai hérisson esthétique [et sors tous mes piquants] je veux dire qu'il ne faut pas se frotter à mes piquants // Je n'arrivais pas à m'ouvrir à toutes ces œuvres anciennes de Wagner : il devait y avoir quelque chose qui m'avertissait de ne pas m'abaisser à un tel goût. " C'est de la musique de théâtre, cela n'est pas pour toi ", me disais-je déjà quand j'avais treize ans. Pour moi, Wagner n'est devenu possible que par son *Tristan*, et *confirmé* [seulement] par ses *Maîtres chanteurs*. Je pense qu'il en a été de même pour bien des gens... // Du temps de ma jeunesse, c'était la grande culture de Mendelssohn qui donnait le ton : c'est à elle que nous devons notre grande circonspection à l'égard de la vulgarité et de la présomption *in rebus musicis et musicantibus*. // Nous avons cédé à Wagner dans la mesure où il nous a inspiré confiance par ses moyens, et lorsqu'il nous sembla moins comédien : — il avait vaincu en nous un préjugé instinctif contre sa pathologie et sa sensibilité théâtrale. Affirmer le contraire, à savoir que la sensibilité wagnérienne est spécifique et [---] allemande, cela fut réservé aux plus fidèles parmi ses [admirateurs] acolytes... // Mais, nous autres Allemands, nous n'avions pas alors la moindre idée de ce que la musique pût aussi avoir ses comédiens : je crains que nous ne nous soyons débattus de toutes nos forces, que dis-je, avec des arguments!... Si nous avons progressivement — très progressivement — cédé à Wagner, c'est dans la mesure où il nous a inspiré confiance en ses moyens, lorsqu'il nous a semblé *moins comédien*. C'était une fois de plus une naïveté, quelque chose [-] et [-] en même temps : en vérité, Wagner était seulement devenu *meilleur comédien* : il nous avait seulement mieux *trompés!* »

8

P. 36.

1. Cf. cette variante biffée : « Wagner a fait pour la musique conçue comme langage la même chose que Victor Hugo pour le langage conçu comme musique. Toute la sensualité de la musique est [développée à l'infini] depuis lors comme redécouverte [tout ce que le son peut *dire*, personne, avant Wagner, ne l'a même pressenti » (W II 6, 127).

P. 37.

1. Cf. CI (« Divagations... », § 13), formule de Carlyle à propos d'Emerson.
2. *Son recitativo... secco.*] Première version : « Le *recitativo* wagnérien tantôt *troppo secco*, tantôt *troppo bagnato* (trop " aqueux ", trop " humide ") » (W II 7, 83).
3. *En ce... m'échappe.*] In W II 7, 82 : « Le " leitmotiv ", une chose pour moi parfaitement *indigeste*, dont je ne saurais trouver d'équivalent culinaire. »

9

P. 38.

1. *Remarque*] Cf. IV 23 [74] (fragment datant de l'hiver 1876-1877, époque de la rédaction de HTH) : « Les dramaturges actuels partent souvent d'une fausse conception du drame et sont des " drastiques " : chez eux, il faut à tout prix des cris, du vacarme, des horions, des coups de feu. Mais " *drama* " signifie événement, " *factum* ", par opposition à " *fictum* ". Or, même l'étymologie historique du concept verbal grec ne leur donne pas raison. L'histoire du drame, encore moins : car les Grecs évitent justement la représentation du " drastique ". »

2. Luc, 10, 42.

P. 39.

1. Cf. AC 29.
2. Allusion à l'évocation de Erda (« la Terre ») par Wotan au début du 3e acte de *Siegfried*.

P. 40.

1. « C'est Wagner, autorité suprême en matière de chasteté, qui nous l'enseigne. » Cf. *in* W II 7, 86 : « *Wagner nous l'enseigne*, voir ses " Œuvres complètes ". » N. voulait en effet tout d'abord citer un passage de Wagner, dans lequel celui-ci exprimait et même imprimait « *en italique*... que la chasteté fait des *miracles* » (Lettre de N. à Gast, 17 juillet 1888; la phrase évoquée par N. se trouve en fait dans l'essai de Wagner déjà cité *La religion et l'art* (éd. allemande, p. 280).

10

2. Dans la quatrième des « Inactuelles » (1876), le 10e paragraphe est également consacré aux écrits de Wagner.

P. 41.

1. Cf. Richard Wagner : *Eine Mitteilung an meine Freunde* (« Communication à mes amis ») : « Elsa est l'élément inconscient, involontaire, en qui l'être conscient et volontaire de Lohengrin aspire à se racheter... Elsa, la Femme, la Femme, que jusqu'à présent je ne comprenais pas, et que j'ai maintenant comprise, — incarnation la plus essentielle et la plus nécessaire de la plus pure spontanéité des sens — a fait de moi un révolutionnaire complet. Elle était l'esprit du peuple, à quoi, moi aussi, en tant que créateur, j'aspirais pour ma rédemption. » (In *Gesammelte Schriften*, Leipzig, 1872, IV, pp. 368 *sqq.*) (BN.)

P. 42.

1. *Et comme ...perfection...*] On lit en W II 6, 126 : « La sensi-

bilité de Wagner n'est pas allemande; mais la nature de son esprit et de son intellectualité n'en est que plus allemande. Je sais fort bien pourquoi les adolescents allemands se sentent si bien au milieu de la profondeur, de la multiplicité, de l'abondance, de l'arbitraire, de l'incertitude wagnériennes! C'est qu'ils s'y trouvent chez eux! Ils écoutent avec ravissement les grands symboles et les énigmes qui grondent comme un tonnerre atténué, provenant d'un incommensurable lointain. Ils ne se démontent pas quand il se met à faire gris, affreux et glacial : c'est qu'ils ont tous, autant qu'ils sont, des affinités avec le mauvais temps, le temps *allemand!* ... Ils ne regrettent pas ce qui, à nous *autres*, nous manque : l'esprit, la flamme, la grâce, la grande logique, la pétulance intellectuelle, le bonheur alcyonien, le ciel radieux plein d'astres et de frissons lumineux... »

11

P. 43.

1. Hugo Riemann (1849-1919). Sur sa *Théorie de la ponctuation musicale*; voir la lettre de N. à Carl Fuchs du 26 août 1888 (pendant l'impression de CW).

P. 44.

1. N. dit la même chose dans un fragment de W II 5 (printemps 1888), sur la « bonne école ». Cf. VIII 14 [170].
2. « *Obéissance* »: première version : « de la morale » (in W II 7, 64).
3. W II 7, 64 : « De la morale et de bonnes jambes ».

POST-SCRIPTUM

P. 45.

1. A propos du thème du « Post-scriptum, » on trouve en W II 6, 123, la notation suivante : « Le goût pour la musique de Wagner est compromettant; je peux me permettre de le dire ; *je m'y suis compromis.* » Dans sa première version (W II 7, 57) le « Post-scriptum » était présenté comme une *Remarque* (voir ci-dessous).
2. « *Remarque:* La gravité de ces derniers mots m'autorise à ajouter quelques phrases tirées d'un essai inédit *(Richard Wagner récusé par la physiologie).* » (W II 7, 57.)

P. 46.

1. Cf. AC 61, EH, *Le cas Wagner*, § 4; WB 3.
2. Dans cette *Remarque* N., jouant sur la « parenté » des

noms « vautour » *(Geier)* et « aigle » *(Adler)*, fait allusion aux rumeurs selon lesquelles Wagner serait le fils naturel de Ludwig Geyer, second mari de sa mère, et peut-être juif. « Adler » était un nom très répandu en Allemagne dans les familles juives. Mais Ludwig Geyer n'était pas d'origine juive, et il n'est même pas sûr qu'il soit le père de Wagner. La perfidie de l'allusion prend tout son sens si l'on songe à l'antisémitisme de Wagner (et de presque tous les Wagnériens). Voir, à ce propos, lettres de N. à Gast des 11 et 18 août 1888, et de Gast à N., 11 août 1888.

3. « *Erlösung dem Erlöser* »: ce sont les dernières paroles du *Parsifal* de Wagner, ainsi que Peter Gast le fait remarquer dans sa lettre à N. du 11 août 1888 (cf. note 3, p. 49).

P. 47.

1. *tout... au-delà*] Première version : « Le [nirvâna] néant bouddhiste » (W II 7, 53).

P. 48.

1. Cf. lettre de N. à Peter Gast (25 juillet 1882) : « Dimanche, je suis allé à Naumburg, pour préparer encore un peu ma sœur à *Parsifal*. J'éprouvais un curieux sentiment. Finalement, je lui dis : " Ma chère sœur, c'est *tout à fait ce genre de musique* que je faisais, enfant, quand j'ai fait mon oratorio. " Et alors, j'ai recherché ces vieux fragments, et, après cette longue interruption, je les ai joués : l'*identité d'atmosphère* et d'*expression* était fantastique! Et même, certains passages, par exemple " la mort des rois ", nous ont paru à tous deux plus bouleversants que tout ce que nous nous étions joué de *Parsifal*, mais, pourtant, entièrement " parsifalesques "! Je l'avoue : c'est avec une véritable épouvante que je me suis rendu compte à nouveau *à quel point* je suis intimement proche de Wagner. »

2. Magicien légendaire, personnage de *Parsifal*. (N.D.T.)

3. Version adoptée d'après W II 7, 57.

P. 49.

1. « *Bereits bereut* »: « Ce télégramme fameux fut lancé, prétend-on, par M. Paul Lindau. Il y a un jeu de mots sur la ressemblance euphonique entre les mots *Bayreuth, bereits* et *bereut.* » (Note d'Henri Albert dans sa traduction de CW.) Cf. lettre de N. à sa sœur (25 juillet 1876), de Bayreuth : « ... Pour un peu, j'aurais déjà des *regrets**! Jusqu'à maintenant, état lamentable. De dimanche à midi à lundi soir, maux de tête, aujourd'hui, épuisement, je n'arrive pas à tenir la plume. »

2. *Que l'on parcoure... ou l'autre.*] W II 7, 57 donne : « On ne va pas impunément à Bayreuth. — L'effet de la musique de

---

* *Bereut* plaisamment souligné par N. (N.D.T.)

Wagner sur la femme pose un/e/ question [problème] encore beaucoup plus grave. Eu égard aux jeunes femmes, on ne saurait poser avec trop de sérieux ce cas de conscience : c'est l'un ou l'autre. *Aut liberi aut* [Wagner] [Bayreuth] *lyrici* *... Une représentation de *Tristan*, vécue *et* ressentie au sens que Wagner lui-même donne à ces deux mots, [c'est le comble du dévergondage] c'est un vrai dévergondage. » La première phrase de cette variante rappelle une formule célèbre de Goethe *(Affinités électives)* : « On ne va impunément sous les palmiers. »

3. Cf. lettre de N. à Peter Gast (24 août 1888) : « " *En route pour la Crète !* " est un chœur célèbre de *La Belle Hélène* d'Offenbach. Je vous le dis par pure malice, puisque vous avez cru devoir m'*apprendre* les paroles finales de *Parsifal !* » (cf. note 3 p. 46).

SECOND POST-SCRIPTUM

P. 50.

1. Mot forgé par N., sans doute à partir de *Rhinocéros* et *Phylloxera*, où le préfixe « rhino- » (nez) est dérivé plaisamment de « Rhin ». Allusion à l'invasion de phylloxera qui ravagea les vignobles européens vers 1870. (N.D.T.)

2. Il s'agit de la *Neue preussische Zeitung* (« Nouvelle gazette prussienne »), publiée de 1848 à 1938 à Berlin, organe des conservateurs à l'époque de Bismarck. Communément appelée *Kreuzzeitung* (« Gazette de la Croix »), à cause de la « croix de fer » qui ornait son titre.

3. Hebdomadaire dirigé par le germaniste Friedrich Zarncke à Leipzig, et qui ne contenait que des comptes rendus de publications. N. et certains de ses amis (notamment Edwin Rohde), y collaborèrent dans les années 70. Plus tard, il publia également des critiques des ouvrages de N.

4. N. fait sienne ici l'opinion de Stendhal et de Buckhardt sur Bernini; cf., p. ex., Jacob Burckhardt *Der Cicerone* (Leipzig, 1869, p. 690 s, 696) (BN). Chez Stendhal, on trouve un remarquable emploi du terme « berninisme » dans le domaine de la musique : « ... le célèbre Mayer habite Bergame ainsi que le vieux David. Marchesi et lui furent, à ce qu'il me semble, les Bernin de la musique vocale, des grands talents destinés à amener le règne du mauvais goût » (*Rome, Naples et Florence*, Paris, 1854, 404) (BN). Sur la notion de baroque en musique chez N., cf. HTH, 219; OS, 171, N. à Carl Fuchs, fin juillet 1877, 26 août et 9 septembre 1888 (dans cette dernière lettre, il compare expressément Wagner au Bernin).

---

* " Soit des enfants soit des poètes lyriques " Allusion à « *Aut Liberi, aut Libri* » (cf. note 3, p. 124). (N.D.T.)

P. 51.

1. Il s'agit de Heinrich Köselitz (Peter Gast), cf. lettre de N. à Gast du 11 août 1888.
2. A propos de ce passage, Peter Gast, dans sa lettre à N. du 11 août 1888, cite les *Danses hongroises*, comme exemple d'emprunts inavoués, qui ont fait la célébrité de Brahms.

P. 52.

1. Karl Goldmark (1830-1915), compositeur austro-hongrois. Sa *Reine de Saba* fut un succès mondial. Cf. cependant lettre de N. à Gast du 2 décembre 1888, à propos de l'Ouverture de *Sakuntala*, (« je ne l'en n'aurais pas cru capable »).
2. Cf. EH « Pourquoi je suis si avisé », § 7 (repris sous forme d' « Intermezzo » dans NW).

ÉPILOGUE

P. 53.

1. Cf. AC 31.

P. 54.

1. Renan (cf. CI « Divagations... », § 2).
2. Cf. OS 385, A 79.
3. Matthieu 12, 34, d'après la traduction de Luther, citée par N. (version Segond : « Car c'est de l'abondance du cœur que la bouche parle. »)

P. 55.

1. Réminiscence probable de la « *exitiabilis superstitio* » (honteuse, funeste superstition). Cf. Tacite (*Annales*, XV, 44).
2. Cf. Goethe *Épigrammes vénitiennes* (67) : « Je suis patient. La plupart des choses désagréables, je les supporte d'un cœur ferme, comme un dieu nous l'ordonna. Il en est peu que j'abhorre, comme un reptile et son venin, quatre en tout : fumée du tabac, punaises, ail et †. »
3. *Si Wagner était chrétien... nécessaires...*] Tout ce passage a été rajouté par N. pendant la correction des épreuves de *l'Épilogue*. Le feuillet comportant cet ajout est le seul de Dm qui soit conservé; il se trouve à la Bibliothèque de l'Université de Bâle. La *Remarque* au bas de la page 55 a également été rajoutée à cette occasion : l'original ne nous est pas parvenu, à la différence de celui des dernières lignes de *l'Épilogue*, qui figuraient sur la même page (voir plus bas).
4. Cf. GM, « Première dissertation », §§ 10-11.

5. Jean 1, 14.
6. Cf. note 1, p. 30.
7. *Pour porter... reconnaissance...*] Ces dernières lignes ont été rajoutées lors de la correction des épreuves (cf. note 3).

NOTES ET VARIANTES DE
NIETZSCHE CONTRE WAGNER *

Tout cet opuscule est déjà contenu en germe dans la lettre que N. écrivit le 10 décembre 1888 à Ferdinand Avenarius (cf. pp. 119-120). Dans cette lettre, N. citait les passages de son œuvre censés attester son hostilité à Wagner depuis 1876 : « L'opposition entre un *décadent* ** et une nature qui crée par surabondance de forces, c'est-à-dire une nature *dionysiaque*..., saute aux yeux (opposition qui est peut-être exprimée dans cinquante passages de mes livres, p. ex., dans le *Gai Savoir* p. 312 *sq.* [Aphorisme 370 de GS, puis chapitre « Nous, les antipodes », de NW]... Une autre série de passages : HTH (écrit il y a plus de dix ans), 2, 62, *décadence* ** et berninisme dans le style de Wagner [OS 144], 2, 51, sa sensualité nerveuse [OS 116], 2, 60, une rythmique à l'état sauvage [OS 134, puis " Wagner considéré comme un danger " 1. dans NW], 2, 76, catholicisme du sentiment, ses " héros " physiologiquement impossibles [OS 171 puis « Une musique sans avenir » dans NW]. *Le voyageur et son ombre* 93, contre l'*espressivo* à tout prix [VO 165, puis " Wagner considéré comme un danger " 2. dans NW]. *Aurore* 225, l'art wagnérien de tromper le profane en musique [A 255]. *Gai Savoir* 309, Wagner comédien avant tout, également en tant que musicien [GS 368, puis « Là où je trouve à redire » dans NW]. 110 digne d'admiration la raffinement de la douleur sensuelle [GS 87, puis chapitre « Là où j'admire » dans NW]. *Par-delà Bien et Mal* 221 Wagner a sa place dans le Paris *malade*, en fait un Romantique français tardif, comme Delacroix, comme Berlioz, tous avec un fond d'incurabilité, et, par conséquent, fanatiques de l'expression [PBM 256, les vers de la fin ouvrant le chapitre « Wagner apôtre de la chasteté » de NW]. »

---

* *Nietzsche* contra *Wagner*. La proposition latine *contra*, en usage dans la langue juridique suggère l'idée d'un procès. On pourrait donc traduire par « la cause, l'*Affaire Nietzsche contre Wagner* ».
De même, *der Fall Wagner*, Le cas *Wagner* suggère aussi l'idée de « cas » juridique; l' « *affaire Wagner* ». (N.D.T.)
** En français dans le texte.

Le lendemain, le 11 décembre 1888, N. écrivit à Carl Spitteler une lettre où il lui proposait de publier un « opuscule de même présentation et de mêmes dimensions que *Le cas Wagner*... qui ne consisterait qu'en huit assez longs fragments soigneusement choisis dans mes écrits, sous le titre

« Nietzsche *contre* Wagner
« <pièces du> dossier
« tirées des écrits de Nietzsche ».

Dans cette lettre, il énumérait les passages suivants comme chapitres de l'opuscule :

1. *Deux antipodes* (*Gai Savoir*, pp. 312-316) [GS 370 puis « Nous, les antipodes » dans NW];

2. *Un art sans avenir* (HTH, vol. 2, 76-78) [OS 171, puis « Une musique sans avenir » dans NW];

3. *Barocco* (HTH, vol. 2, 62-64) [OS 144];

4. *L'espressivo à tout prix*. (« Le voyageur et son ombre », p. 93 — HTH, II, *dernière* moitié.) [VO 165, puis « Wagner considéré comme un danger 2. » en NW];

5. *Wagner comédien, rien de plus* (*Gai Savoir*, pp. 309-311) [GS 368, puis « Là où je trouve à redire » dans NW];

6. « *Wagner est à sa place en France* » (*Par-delà Bien et Mal*, pp. 220-224) [PBM 256, puis les vers de la fin repris au début de « Wagner apôtre de la chasteté 1. » en NW];

7. *Wagner, apôtre de la chasteté* (*Généalogie de la morale*, pp. 99-105) [GM, Troisième dissertation, §§ 2-3, puis §§ 2-3 du chapitre portant ce titre en NW];

8. *La rupture de Nietzsche avec Wagner* (HTH, vol. II, « Avant-propos », p. VII-VIII) [HTH II « Avant-propos », §§ 3-4, puis §§ 1-2 du chapitre « Comment je me suis affranchi de Wagner » de NW].

Le 12 décembre, Nietzsche se décida cependant à publier lui-même cette compilation (cf. p. 120), ce qui rendait sans objet le refus que Spitteler devait opposer à son projet primitif. Il écrivit alors un nouveau plan (cahier W II 10, 98) :

« Nietzsche *contre* Wagner
« <pièces du> dossier
« d'un psychologue. »

g.S. 1. *Amitié d'astres* [GS 279];
g.S. 2. « Là où j'admire » [GS 87, puis sous ce titre en NW];
g.S. 3. « Là où je trouve à redire » [GS 368, puis, sous ce titre en NW].

A. 4. « Wagner considéré comme un *danger* »
        pour la rythmique 59 [OS 134, puis Wagner considéré
                comme un danger 1. en NW];
        pour l'exécution W 93 [VO 165, puis Wagner cons.
                comme un danger 2. en NW]:

A. 5. « Une musique sans avenir » [OS 171, puis sous ce titre en NW];
g.S. 6. « Pourquoi Wagner a dit ses sottises sur son propre compte » [GS 99];

g.S. 7. [Nous] Deux antipodes [GS 370, puis chapitre « Nous, les antipodes » de NW];

P. 8. « Pourquoi Wagner est à sa place en France » [peut-être N. pensait-il déjà au chapitre « Où Wagner est à sa place » c'est-à-dire PBM 254-256, sans les vers de la fin de ce dernier §?]

A. 9. « Comment je me suis affranchi de Wagner » [HTH « Avant-propos », §§ 3-4, puis les deux §§ qui portent ce titre dans NW];

g.S. 10. « Pourquoi mon goût a changé » [GS « Avant-propos », § 3 et début du § 4, puis §§ 1 et 2 de l' « Épilogue » de NW].

En recopiant les « pièces du dossier » de NW, N. procéda aux modifications suivantes :

a) il laissa de côté les §§ « 1. Amitié d'astres » [GS 279] et « 6. Pourquoi Wagner a dit des sottises sur son propre compte » [GS 99];

b) il intercala entre « 8. Pourquoi Wagner est à sa place en France » et « 9. Comment je me suis affranchi de Wagner » le chapitre « Wagner apôtre de la chasteté », qu'il prévoyait déjà dans sa lettre à Spitteler, mais en le faisant précéder des vers qui terminent PBM 256;

c) il plaça en avant-dernière position, avant « 10. Pourquoi mon goût a changé » le chapitre « Le psychologue prend la parole » [PBM 269-270];

d) il ajouta encore un poème final : « De la pauvreté du plus riche ».

Parmi les passages de son œuvre que N. énumérait dans ses lettres à Avenarius, la version définitive de NW laisse inutilisés OS 144 et 116, A 255.

Les titres définitifs des chapitres furent en partie trouvés pendant le travail de copie. Au cours de ce même travail, N. modifia certaines tournures de ses aphorismes, y inséra quelques ajouts, changea souvent l'orthographe, procéda à quelques coupures. Il envoya à Leipzig la copie destinée à l'imprimeur (Dm) ainsi établie, accompagnée de ces lignes à son éditeur Naumann (15 décembre 1888) : « ... voici encore un beau manuscrit, quelque chose de court, mais très bien venu, dont je suis fier. Après avoir écrit avec le *Cas Wagner* une petite bouffonnerie, c'est le *sérieux* qui s'exprime ici : car nous — Wagner et moi — avons au fond vécu une tragédie l'un avec l'autre. Puisque le *Cas Wagner* a réveillé l'intérêt pour la question de nos rapports, le moment me semble bien choisi de raconter ici une histoire extraordinairement curieuse. — Ayez l'obligeance de calculer combien de pages cela donnera dans la même présentation que le *Cas Wagner*? Je suppose deux ou trois feuilles d'imprimerie. — Mon désir serait que nous réglions *tout de suite* cette petite chose. Cela me fera gagner du temps pour reprendre la question des traductions pour *Ecce Homo*, qui jusqu'à présent a eu peu de succès... »

Vers le 17 décembre, il envoya une feuille intitulée « Intermezzo », avec cette indication : « *Intercaler* p. 3 du manuscrit,

avant le chapitre " Wagner considéré comme un danger " ».
Dans la lettre que N. envoya, vraisemblablement le 17 décembre 1888 à Leipzig, en même temps que la feuille d' « Intermezzo », on lit également : « — Afin que le titre se rapproche autant que possible du *Cas Wagner*, nous écrirons
    Nietzsche contre Wagner
   Un problème pour psychologues. »

Mais N. annula lui-même la modification du titre, lorsqu'un peu plus tard il envoya à Leipzig la fin de l' « Épilogue » [fin du § 4 de l' « Avant-propos » de GS]. A la fin de cet ajout, il écrivit :
« Conserver comme titre du livre :
    Nietzsche contre Wagner
   Dossier d'un psychologue. »

Dans nos notes sur le chapitre « Pourquoi je suis si avisé » d'*Ecce Homo*, nous avons déjà évoqué la nouvelle modification décidée par N. le 20 décembre au sujet de la feuille d' « Intermezzo » [Notes et variantes, pp. 293-294]. D'après cette modification, ce texte fait partie du chapitre indiqué d'EH. *Mais il doit également être repris dans le texte de « Nietzsche contre Wagner ».* Il convient ici de suivre l'évolution pleine de contradictions des intentions de N., à travers ses lettres à partir du 20 décembre 1888.

Ce jour-là (20 décembre 1888), N. télégraphia à Leipzig : « Avancer Ecce. Nietzsche. » A la même date, il écrivit une lettre d'explication : « Une nouvelle considération m'a persuadé que nous devons tout d'abord terminer l'impression d'*Ecce Homo*, et seulement plus tard celle de *Nietzsche contre Wagner*... »

Deux jours plus tard, le 22 décembre, N. écrivait à Peter Gast : « Nous n'imprimerons pas *Nietzsche contre Wagner*. L'*Ecce* contient tout ce qui est décisif, sur ces relations également. La partie qui, entre autres, évoque le maestro Pietro Gasti, est déjà incorporée à *Ecce*. Peut-être y reprendrai-je encore le Chant de Zarathoustra — il s'intitule " De la pauvreté du plus riche " — comme interlude entre deux chapitres — »

Mais N. ne renonça pas au titre *Nietzsche contre Wagner*. Le 22 décembre, il proposait à Avenarius « ... d'imprimer l'essai de M. Heinrich Köselitz séparément sous forme de brochure de quelques feuillets... Titre : *Nietzsche contre Wagner* ». (Sur ce projet, voir pp. 408-412.)

N. écrivit aussi à Naumann pour suspendre l'impression de NW. Entre-temps, cependant arrivèrent à Turin les épreuves (24 pages) de cet ouvrage — qui sont conservées. Elles étaient déjà terminées le 22 décembre ainsi que le montre le cachet de l'imprimerie. Ainsi, NW était dès lors presque entièrement composé. A l'arrivée des feuilles d'épreuve, N. changea encore une fois d'avis : il les corrigea donc et donna son *imprimatur* à Noël. Dans sa lettre d'accompagnement à Naumann, il écrivait le 27 décembre : « ... je vous suis très obligé pour la diligence avec laquelle l'impression est menée. Je viens de vous renvoyer les deux feuilles de l'*Ecce* et les deux feuilles de N. contre W., avec mon " bon à tirer ". » De même, les idées de N. sur l'ordre de parution de ses écrits s'étaient modifiées comme suit : « Tout bien réfléchi, nous publierons en 1889 le *Crépuscule des Idoles* et *Nietzsche contre Wagner :* ce dernier écrit peut-être *en premier*, car on m'écrit de toute part que mon *Cas Wagner* a enfin attiré l'attention du public sur moi. — *Ecce Homo*, qui, dès qu'il sera terminé, doit aller entre les mains des traducteurs, ne pourrait en aucun cas être fini avant 1890, pour pouvoir paraître simultanément en trois langues. Pour l'*Inversion de toutes les valeurs*, je n'ai pas encore prévu de date. Il faudra d'abord que le succès d'*Ecce Homo* l'ait précédé. — Je vous ai déjà écrit que l'Œuvre [c.-à-d. *L'Antéchrist*] est prête pour l'impression. »

N. était donc revenu sur sa décision de ne plus faire imprimer NW : bien plus, il avait donné son *imprimatur* aux épreuves, qui, contrairement à ses instructions du 20 décembre, contenaient l'« Intermezzo ». Il y a mieux : le 28 et le 30 décembre, par des cartes postales, il annonça des corrections dans ce même passage, qu'il considérait donc — quelle qu'en fût la raison —, comme faisant partie de NW.

Mais immédiatement avant l'effondrement, les plans de N. connaîtront un nouveau bouleversement. Le 2 janvier, il télégraphiait à Leipzig : « Manuscrit des deux poèmes finaux ». L'explication est donnée dans deux billets adressés également à Naumann : « Les événements ont rendu l'opuscule *Nietzsche contre W.* complètement dépassé : renvoyez-moi sans délai le poème qui en constitue la fin, de même que le dernier poème envoyé, " Gloire et éternité ". Allez de l'avant avec *Ecce !* »

C'est la dernière manifestation qui nous soit conservée des « volontés littéraires » de N. Il *faut* donc la considérer comme définitive. On peut en déduire que N., en raison de l'achèvement des *Dithyrambes de Dionysos* et d'autres « événements », avait renoncé à publier NW. Ainsi, parmi les dernières œuvres de N., NW occupe une place secondaire (c'est pourquoi, dans l'édition allemande KGW, ce texte est publié *après* les *Dithyrambes*).

Une des conséquences du fait que N. ait renoncé à publier NW est que, en accord avec Champromis et contre l'opinion de Podach, nous avons repris dans *Ecce Homo* l'« Intermezzo » (bien entendu sans titre, conformément aux instructions de N.). Mais, comme nous faisons figurer *Nietzsche contre Wagner* dans notre édition (avec la réserve indiquée plus haut, en ce qui concerne son caractère « autorisé » par N.), nous devons le publier tel qu'il a été autorisé par N. avant qu'il n'ait renoncé à le publier : c'est-à-dire avec « Intermezzo » et le poème final (sur ce point, en accord avec Podach, contre l'avis de Champromis).

Notre édition de *Nietzsche contre Wagner* repose sur :
1) les placards d'épreuves corrigés par N. (jusqu'à la page 366, § 2 de « Comment je me suis affranchi de Wagner », *10e ligne*, jusqu'au mot *tentative*);

2) la copie destinée à l'imprimeur (Dm), conservée au « Gœthe-und Schiller-Archiv » de Weimar (Cote D 23);
3) les corrections ultérieures contenues dans les cartes postales des 28 et 30 décembre 1888 à Naumann.

Quelques ébauches de NW se trouvent dans les cartons Mp XVI 6 et Mp XVI 5.

En 1889, *Nietzsche contre Wagner* parut, tiré à quelques exemplaires, avec « Intermezzo » et le poème final. En 1895, il fut repris dans le VIIIe volume de l'édition GAK, sans « Intermezzo » ni le poème final, de même que dans toutes les éditions postérieures de GA (à partir de 1899, toujours VIIIe volume). L'édition Schlechta reprend le texte de NW sous la même forme. Le premier, Podach, en 1962, s'est reporté à l'édition de 1889, et dans ses notes et variantes, a publié des documents manuscrits s'y rapportant.

AVANT-PROPOS

P. 59

1. L' « Avant-propos » ne fut envoyé par N. à Leipzig qu'à Noël, en même temps que les épreuves corrigées. Le cahier Mp XVI 6 contient une version antérieure écartée par N. :

« J'estime nécessaire d'opposer au manque total de *délicatesse* * avec lequel on a accueilli en Allemagne mon livre *Le cas Wagner*, quelques pages choisies soigneusement dans mes œuvres plus anciennes. Une fois de plus, les Allemands se sont " compromis " dans leurs rapports avec moi, — je n'ai aucune raison de modifier mon jugement sur cette race irresponsable en ce qui concerne la simple correction. Il leur a même échappé à qui, seulement, je m'adressais : à des musiciens, à la conscience des musiciens — *en tant que* musicien moi-même. / Nietzsche. / Turin, le 10 décembre 1888. »

2. Cf. EH « Pourquoi j'écris de si bons livres » § 2.

3. En français dans le texte. Il s'agit de la « Triple Alliance » née de l'adhésion en 1882 de l'Italie à l'Alliance conclue en 1879 entre les Empires d'Allemagne et d'Autriche. (N.D.T.)

LÀ OÙ J'ADMIRE

P. 61

1. Cf. GS 87 : « De la vanité des artistes ». Les placards d'épreuves commencent ici.

* En français dans le texte.

P. 62

1. *qui... amphibie*] ne figure pas en GS. (N.D.T.)
2. *Wagner est quelqu'un... musique*] « Mais il ne le sait pas, il est bien trop vaniteux pour cela » (GS).

LÀ OÙ JE TROUVE À REDIRE

P. 63

1. Cf. GS 368 « Le cynique parle ».
2. La première phrase manque en GS. (N.D.T.)
3. *mon petit fait vrai* *] en français. Manque en GS. (N.D.T.)
4. *Pour écouter... Pastilles Géraudel* *] Cette phrase manque dans GS. *Pastilles Géraudel*: Légende d'une affiche de Chéret : « Si vous toussez, prenez des pastilles Géraudel! » Nietzsche écrit « GÉRANDEL ». (N.D.T.)
5. *car l'âme, cela n'existe pas*] manque en GS. (N.D.T.)

P. 64

1. *et, peuple, qui ne l'est?*] manque en GS. (N.D.T.)
2. *l'art de masse*] « l'art vulgaire » (épreuves).
3. *il a pour le théâtre... respect*] manque en GS. (N.D.T.)
4. *à côté... soit*] manque en GS. (N.D.T.)
5. *un jour... plus long*] « C'est ce que je faisais comprendre un jour à un loyal wagnérien, non sans peine. » (GS).
6. *Bayreuth. A Bayreuth,*] « au théâtre! Au théâtre, » (GS).
7. *Dieu et le monde*] « Dieu et les hommes » (GS).
8. *La solitude y manque... voisin*] « Là, on est plèbe, public, troupeau, femme, pharisien, bétail électoral, démocrate, " prochain ", congénère, là la conscience même la plus sensuelle succombe à la magie niveleuse du " plus grand nombre ", là, la stupidité agit comme une contagieuse lubricité, là le " voisin " est roi, là on *devient* soi-même voisin... (J'ai oublié de rapporter ce que mon Wagnérien éclairé opposa à mes objections physiologiques : " En somme, c'est seulement que votre santé n'est pas assez bonne pour notre musique? " » (GS).

INTERMEZZO

P. 65

1. Cf. EH « Pourquoi je suis si avisé » § 7 [notes pp. 533-34].

P. 66

1. A propos de ce poème: Overbeck, dans une lettre à Bernouilli où il raconte son voyage de Turin à Bâle, en janvier 1889,

* En français dans le texte.

pour ramener son ami dément, évoque " Nietzsche somnolant sous l'influence du chloral, se réveillant très souvent, chantant parfois, et, parmi ces chants, la merveilleuse barcarolle dont j'ai retrouvé plus tard l'origine, alors qu'en l'écoutant, je n'arriverais pas à comprendre comment le chanteur pouvait produire un texte pareil, accompagné d'une mélodie tout à fait originale " (Cité in *Nietzsche devant ses contemporains*, textes recueillis et publiés par Geneviève Bianquis Éditions du Rocher, Monaco, 1959). (N.D.T.)

WAGNER CONSIDÉRÉ COMME UN DANGER

1

P. 67

1. Cf. OS 134 « Comment, selon la musique moderne, l'âme doit se mouvoir ».

2. *faire tout autre chose*] manque en OS.

P. 68

1. *Richard Wagner a voulu... fin de tout...*] « Wagner a voulu une autre sorte de *mouvement de l'âme*, qui, comme on l'a dit, est proche de la nage et du vol plané. Peut-être est-ce là l'essentiel de toutes ses innovations. Son fameux moyen artistique, né de cette volonté et adapté à elle — la " mélodie continue " — s'efforce de briser toute régularité harmonieuse des temps et des intensités, et même de la tourner en dérision, et il ne cesse d'inventer à profusion de tels effets, qui, pour une oreille moins jeune, sonnent comme des outrages et des paradoxes rythmiques. Il craint la pétrification, la cristallisation, le passage de la musique à une architectonique — et, ainsi, il oppose au rythme à deux temps un autre à trois temps, introduit plus d'une fois des rythmes à cinq et sept temps, répète la même phrase aussitôt, mais étirée au point de durer deux ou trois fois plus. Si l'on imitait à la légère un tel art, il en résulterait pour la musique un grave danger : à côté de la trop grande maturité du sens du rythme, guette dans l'ombre le retour à l'état sauvage, la dégénérescence de la rythmique. Ce danger devient d'autant plus grand lorsqu'une telle musique s'appuie de plus en plus étroitement sur un art tout naturaliste du jeu dramatique et de la langue des gestes, qui n'a plus l'éducation et la discipline d'une plastique, qui ne trouve pas en soi sa propre mesure, et à qui l'élément qui lui est intimement associé, la nature *trop féminine* de la musique, ne peut non plus donner aucune mesure. » (GS).

A la fin de ce passage, phrase barrée par N. : « Mais une telle contre-nature du goût esthétique est une preuve de *décadence* *... »

---

* En français dans le texte.

2

2. Cf. VO 165 « Du principe de l'interprétation en musique ».

3. « Les artistes actuels de l'interprétation musicale croient-ils vraiment que le premier commandement de l'interprétation musicale est de donner à chaque morceau le plus de *haut-relief* * possible, pour lui faire parler à tout prix un langage *dramatique?* » (VO).

4. *le péché... Wagnériens!*] « très exactement le péché contre l'esprit, contre l'esprit gai, ensoleillé, tendre, léger, de Mozart, dont le sérieux est un sérieux plein de bonté et non un sérieux terrible, dont les images ne cherchent pas à surgir du mur, pour mettre en fuite les spectateurs atterrés. Ou bien, pensez-vous que musique mozartienne soit synonyme de " musique du Convive de pierre "? Et pas seulement la musique de Mozart, mais toute musique? Mais vous m'objecterez que l'*effet* le plus fort parle en faveur de votre principe — et vous auriez raison, du moins si ne se posait encore la contre-question de savoir *sur qui* on agit, et sur *qui* seulement un artiste aristocratique a *le droit de vouloir* agir! Jamais sur le peuple! Jamais sur les impubères! Jamais sur les sentimentaux! Jamais sur les morbides! Mais, surtout, jamais sur les apathiques à la sensibilité émoussée! » (VO).

A la fin, phrase barrée de la main de N. sur le Dm : « Mais l'*espressivo* à tout prix est preuve de *décadence* *... »

UNE MUSIQUE SANS AVENIR

1

P. 69

1. Cf. OS 171 « La musique, dernière-née de toute culture ». Le titre de ce chapitre est une allusion à la formule « musique de l'avenir » souvent appliquée à la musique de Wagner. Tout le chapitre constitue une version profondément remaniée de OS 171.

NOUS, LES ANTIPODES

P. 71

1. Cf. GS 370 « Qu'est-ce que le romantisme? » En Dm, le titre est d'abord « Deux antipodes ». Par rapport à GS 370, ce chapitre présente de nombreuses corrections et coupures (et la deuxième moitié de GS 370 y manque à peu près entièrement).

* En français dans le texte.

2. *Hegel*] « Condillac » (GS).
3. *musique de Wagner*] « musique allemande » (GS).
4. *l'âme*] « l'âme allemande » (GS).
5. *ce que je méconnaissais... moi-même*] « (on le voit), je méconnaissais alors, tant dans le pessimisme philosophique que dans la musique allemande, ce qui fait leur vrai caractère — leur *romantisme* —. Qu'est-ce que le romantisme? » (GS).
6. Après ces mots, N. projetait d'insérer tout un développement, auquel il a d'ailleurs aussitôt renoncé. Ce texte se trouve sur une feuille du carton Mp XVI 5 (Cf. également Podach, NWZ 57) : « *Intercaler* dans le chapitre *Deux antipodes*, après le mot " moi-même " » [note de N. à l'imprimeur] :

« Mes écrits abondent en de tels " cadeaux " : que l'on prenne garde si je cite des noms! J'ai toujours dit les choses décisives sur moi-même de telle manière que quelqu'un, se sentant concerné, en tombait presque à la renverse de plaisir. La troisième *Inactuelle*, par exemple, s'appelle " Schopenhauer éducateur " : de reconnaissance, les disciples de Schopenhauer m'en ont presque adoré. *Lisez* [*] *:* Nietzsche éducateur, et peut-être aussi *quelque chose de plus...* Le livre s'achève par cette pensée : quand un grand penseur vient au monde, tout est en danger. C'est comme quand, dans une [grande] ville, un incendie s'est déclaré, et que nul ne sait ce qui est encore en sûreté et où il s'arrêtera. L'amour de la vérité est quelque chose de terrible et de puissant, c'*est* un incendie : les hommes qui ont vocation de rechercher la puissance devraient savoir quelle source d'héroïsme y coule. — La quatrième *Inactuelle* s'intitule " Richard Wagner à Bayreuth ". — Ah, Messieurs les Wagnériens! Comme ils m'ont été reconnaissants! Récemment encore, le très estimable Lévi, lorsque je l'ai rencontré, il y a quelques années... *Lisez* [*] *:* Nietzsche-Zarathoustra et la Fête de l'Avenir, le *grand Midi* — rien que des accents proprement historiques, la première psychologie du premier " Dithyrambique ", le poète de Zarathoustra. — Page 45 *Humain, trop humain* [HTH 37], on lit : " Quelle est donc la thèse centrale à laquelle l'un des penseurs les plus audacieux et les plus froids, l'auteur du livre " De l'origine des sentiments moraux " *(lisez* [*] *: Nietzsche, le premier immoraliste —)* est parvenu, grâce à ses analyses incisives et décisives du comportement humain? " L'homme moral n'est pas plus proche du monde intelligible que l'homme physique : *car* il n'y a pas de monde intelligible... " Cette thèse, rendue dure et tranchante sous les coups de marteau de l'intuition historique *(lisez* [*] *:* premier livre de l'*Inversion des valeurs* —), pourra peut-être un jour, dans un avenir plus ou moins lointain — 1890! —) servir de cognée pour frapper à la racine le " besoin métaphysique " de l'homme — sera-ce pour le bonheur ou le malheur de l'humanité, qui saurait le dire? Mais, en tout cas, comme un principe aux immenses conséquences, fertile et terrible à la fois, portant sur le

---

[*] En français dans le texte.

monde ce double regard qu'ont toutes les grandes intuitions. — Enfin, je donne dans les dernières pages de *Par-delà bien et mal* un morceau de psychologie sur moi-même, je me garderai de dire sous *quel* nom et sous quel déguisement... »

Suit cette indication pour le typographe : « ce qui suit dans le manuscrit, *après* le mot " moi-même ", doit être présenté comme paragraphe 2 dans le même chapitre. Ainsi, le début du chapitre portera le numéro 1. »

N. n'envoya *pas* cette feuille à Leipzig. Il la garda par-devers lui, ainsi que l'indique le fait que le verso contienne des ébauches des tout derniers ajouts d'*Ecce Homo* et un brouillon de lettre à Cosima Wagner (Cf. M. Montinari : « Ein neuer Abschnitt in Nietzsches *Ecce Homo* », p. 395). N. renonça à publier ce texte, parce qu'il avait déjà en partie dit la même chose dans le § 4 du chapitre sur « *Naissance de la Tragédie* », le § 3 du chapitre sur les « Inactuelles » et le § 6 du chapitre « Pourquoi j'écris de si bons livres », dans *Ecce Homo*. Il utilisa cependant la partie sur HTH 37 pour l'une de ses dernières additions dans *Ecce Homo*, le § 6 du chapitre sur « *Humain, trop humain* » [p. 155, note 1, cf. p. 316 de l'édition Folio/Essais]. Cette feuille, selon le témoignage d'Elisabeth Förster-Nietzsche, fut envoyée au Paraguay (voir p. 573). Au cours de la polémique sur les prétendus « manuscrits perdus de l'*Inversion des valeurs* de Nietzsche », l'ancien « Nietzsche-Archiv » tira argument de la phrase « *lisez* [*] : premier livre de l'*Inversion des valeurs* », qui figure dans cette page, pour prouver qu'à la mi-décembre encore, N. considérait *L'Antéchrist* comme le premier livre de l'*Inversion de toutes les valeurs*. Mais cet argument se retourne contre le « Nietzsche-Archiv », car N. a précisément modifié cette phrase dans la version définitive, c'est-à-dire dans le chapitre « *Humain, trop humain* » d'*Ecce Homo*, où on lit : *lisez* [*] *: Inversion de toutes les valeurs*. Si l'on admet tous les développements de notre commentaire sur cette question, ce deuxième « feuillet du Paraguay » témoigne tout au plus d'un flottement passager de N. quant à ses intentions de publication.

P. 72

1. *de ce que l'on appelle maintenant « humanité »*] manque en GS.

2. *les libre penseurs... décadents* [*]] « car la logique rassure, donne confiance » (GS).

3. *qui permettent l'abêtissement*] manque en GS.

4. *Grec... chrétien*] « pessimiste dionysien, tout comme le chrétien » (GS).

5. *et qui, par son axiome... captieux*] « et qui, pareil à celui-ci, est essentiellement romantique — et mon regard s'est aiguisé de plus en plus pour percer cette forme de déduction, la plus ardue et la plus captieuse » (GŠ).

[*] En français dans le texte.

6. *artistes de tout genre*] « toutes les valeurs esthétiques » (GS).

7. *la haine de la vie ou la surabondance de vie*] « la faim ou la réplétion » (GS). A partir de là, les deux versions divergent fortement. (N.D.T.)

OÙ WAGNER EST À SA PLACE

P. 75

1. Du début (p. 360) à *bien assez*]. Version profondément remaniée de la première partie de PBM 254.
De « *Il ne faut pas, sur ce point...* » à la fin : version profondément remaniée d'une partie de PBM 256.

2. *ce fut, de sa part... 1871*]. « A partir de 1870, ce fut, de la part de Wagner une trop grande habileté que de se conduire mal envers la France » (Cb[1])*. N. fait ici allusion, entre autres, à la farce de Wagner « Une capitulation », écrite par ce dernier après la chute de Paris.

3. *que le jeune empereur*] « que les têtes vides des " Bayreuther Blätter " » (Cb[1]). Empereur : Guillaume II.

4. *Mais une race malade*] Manque en PBM.

WAGNER APÔTRE DE LA CHASTETÉ

1

P. 76

1. Cf. PBM 256, vers de la fin.
2. *se macérer, se lacérer*] « se décharner » (PBM).
3. Ordre inversé en PBM.
4. *ces écœurants, ces doucereux*] « ces incertains » (PBM).

2

5. Version un peu remaniée de la fin du § 2 de la *troisième dissertation* de *GM*.

3

P. 77

1. Version remaniée du § 3 de la *troisième dissertation* de *GM*.
2. *Que l'on ait pu... non plus*] manque en GM.

* Cb[1] = premier jeu d'épreuves.

3. Parsifal... opérette] « Voilà, je l'ai déjà dit, qui aurait été digne d'un grand Tragique : qui, comme tout artiste, ne devient vraiment grand, n'atteint à l'ultime sommet de sa grandeur que lorsqu'il sait se voir, et voir son art *au-dessous* de lui, que lorsqu'il sait rire de lui-même » (GM).

P. 78

1. *La haine de la vie... mœurs*] « Et il ne l'a pas fait que du haut de la scène, par les trompettes de *Parsifal*, — dans les écrits moroses, aussi crispés qu'embarrassés, de ses dernières années, il y a cent passages où se trahit son désir, sa secrète volonté, une volonté timorée, incertaine, inavouée, de prêcher tout simplement le retour en arrière, la conversion, la négation, le christianisme, le Moyen Age, et de dire à ses disciples : " cela ne vaut rien, cherchez ailleurs votre salut ". Il va, une fois, jusqu'à invoquer " le sang du Rédempteur "... » (GM).

2. *Prêcher la chasteté... mœurs*] Ici, comme dans le § 5 de « Pourquoi j'écris de si bons livres » d'*Ecce Homo*, N. cite encore sa « Loi contre le christianisme ». Cette « citation » fut rajoutée après coup par N. dans le Dm de NW.

COMMENT JE ME SUIS AFFRANCHI DE WAGNER

1

P. 79

1. Version un peu modifiée du § 3 de l'« Avant-propos » de HTH II.
2. Du début à *antisémitisme*] manque en HTH II.
3. *décadent* *] « romantique ». (« Avant-propos » de HTH II).

P. 80

1. *Car... Wagner*] Ajouté en Dm.
2. *J'ai... Allemands*] Ajouté en Cb; cf. § 6 du chapitre « Pourquoi je suis si avisé » dans EH (au début).

2

3. Cf. § 4 de l'« Avant-propos » de HTH II, à peine modifié.
4. *idéaliste*] « romantique » (HTH II, « Avant-propos »).

* En français dans le texte.

LE PSYCHOLOGUE PREND LA PAROLE

1

P. 81

1. A part quelques coupures, version à peine modifiée d'une partie de PBM 269.
2. *Ici finit le texte de Cb.*

2

P. 82

1. Suite remaniée de PBM 269, avec quelques variantes et coupures.
2. *je n'ose... esprit*] manque en PBM.

3

3. Version à peine modifiée de PBM 270.

P. 83

1. — *c'est le cas d'Hamlet... certain*] au lieu de : « et la bouffonnerie elle-même est quelquefois le masque d'un savoir douloureux et trop lucide. D'où il suit qu'on fera preuve de délicatesse en respectant " le masque " et en n'allant pas faire de la psychologie et placer sa curiosité au mauvais endroit. » (PBM).

ÉPILOGUE

1

P. 84

1. Texte du § 3 de l'« Avant-propos » de GS, avec quelques variantes et des coupures vers la fin.
2. *Du début à... nature*]. Une ébauche de ce passage (avec des variantes mineures) se trouve en Mp XVI 6.
3. *Quant à la longue maladie... philosophie*] au lieu de : « Et pour ce qui est de la maladie : est-il seulement possible, serions-nous tentés de demander, est-il seulement possible de nous en dispenser ? » (« Avant-propos » de GS).

2

P. 85

1. Texte peu modifié du § 4 de l'« Avant-propos » de GS.
2. La première phrase manque en GS.
3. *Moralité... exemple*] Manque dans l'« Avant-propos » de GS. C'est par cette phrase que se terminait la copie destinée à l'imprimeur que N. expédia le 15 décembre à Leipzig. Après coup, il recopia jusqu'à la fin la suite du § 4 de l'« Avant-propos » de GS, et envoya la feuille à l'imprimeur en indiquant : « À la fin du livre, *avant* le poème, suite du texte. » A la fin de la feuille, il écrivit encore : « Une feuille blanche avec ces seuls mots : *De la pauvreté du plus riche*. N.B. : composer le poème avec le même espacement que l'Avant-propos! Garder comme titre du livre Nietzsche contre Wagner / Dossier / d'un psychologue. »

L'édition de 1889 ne donne pas ce passage, pas plus que toutes les éditions postérieures. Podach (NWZ 46) le reproduit dans ses notes. Mais comme il ne nous est parvenu aucune indication disant que ces deux phrases doivent être éliminées du texte, nous les y avons rétablies.

P. 86

1. En français dans le texte. Manque en GS. D'après la formule attribuée à Mme de Staël : « Tout comprendre, c'est tout pardonner. »

DE LA PAUVRETÉ DU PLUS RICHE

P. 87

1. Voir les notes des *Dithyrambes de Dionysos*.

Note des éditeurs.	9

LE CAS WAGNER · 15

Avant-propos.	17
Lettre de Turin, mai 1888.	19
Post-scriptum.	45
Second post-scriptum.	50
Épilogue.	53

NIETZSCHE CONTRE WAGNER · 57

Avant-propos.	59
Là où j'admire.	61
Là où je trouve à redire.	63
Intermezzo.	65
Wagner considéré comme un danger.	67
Une musique sans avenir.	69
Nous, les antipodes.	71
Où Wagner est à sa place.	74
Wagner, apôtre de la chasteté.	76
Comment je me suis affranchi de Wagner.	79
Le psychologue prend la parole.	81
Épilogue.	84
De la pauvreté du plus riche.	87
Dates et événements	93
Notes et variantes :	131
Le cas Wagner.	133
Nietzsche contre Wagner.	149

DU MÊME AUTEUR

Aux Éditions Gallimard

Dans la collection Le Manteau d'Arlequin

AINSI PARLAIT ZARATHOUSTRA, *adaptation scénique par Jean-Louis Barrault.*

ŒUVRES PHILOSOPHIQUES COMPLÈTES

- I. vol. 1 La Naissance de la tragédie et Fragments posthumes (1869-1872).
- I. vol. 2 Écrits posthumes (1870-1873).
- II. vol. 1 Considérations inactuelles I et II. Fragments posthumes (été 1872-hiver 1873-1874).
- II. vol. 2 Considérations inactuelles III et IV. *Schopenhauer éducateur – Richard Wagner à Bayreuth.* Fragments posthumes (début 1874-printemps 1876).
- III. vol. 1 Humain trop humain. Un livre pour esprits libres. Fragments posthumes (1876-1878). *Édition revue en 1988.*
- III. vol. 2 Humain trop humain. Un livre pour esprits libres. Fragments posthumes (1878-1879). *Édition revue en 1988.*
- IV. Aurore. Pensées sur les préjugés moraux. Fragments posthumes (1879-1881).
- V. Le Gai savoir. Fragments posthumes (1881-1882). *Nouvelle édition revue et augmentée 1982.*
- VI. Ainsi parlait Zarathoustra.
- VII. Par-delà bien et mal. La Généalogie de la morale.
- VIII. vol. 1 Le Cas Wagner. Crépuscule des Idoles. L'Antéchrist. Ecce homo. Nietzsche contre Wagner.
- VIII. vol. 2 Dithyrambes de Dionysos. Poèmes et fragments poétiques posthumes (1882-1888).
- IX. Fragments posthumes (été 1882-printemps 1884).
- X. Fragments posthumes (printemps-automne 1884).
- XI. Fragments posthumes (automne 1884-automne 1885).

- XII. Fragments posthumes (automne 1885-automne 1887).
- XIII. vol. 2 Fragments posthumes (automne 1887-mars 1888).
- XIV. vol. 1 Fragments posthumes (début janvier 1888-début janvier 1889).

Série Correspondance

CORRESPONDANCE

Tome I : Juin 1850-Avril 1869.

Tome II : Avril 1869-Décembre 1874.

Bibliothèque de la Pléiade

ŒUVRES, t. 1.

Collection Tel

LA VOLONTÉ DE PUISSANCE, t. I et II.

DANS LA COLLECTION FOLIO / ESSAIS

379 Schmuel Trigano : *Le récit de la disparue (Essai sur l'identité juive).*
380 Collectif : *Quelle philosophie pour le XXIe siècle ?*
381 Maurice Merleau-Ponty : *Signes.*
382 Collectif : *L'amour de la haine.*
383 Collectif : *L'espace du rêve.*
384 Ludwig Wittgenstein : *Grammaire philosophique.*
385 George Steiner : *Passions impunies.*
386 Sous la direction de Roland-Manuel : *Histoire de la musique I, vol. 1. Des origines à Jean-Sébastien Bach.*
387 Sous la direction de Roland-Manuel : *Histoire de la musique I, vol. 2. Des origines à Jean-Sébastien Bach.*
388 Sous la direction de Roland-Manuel : *Histoire de la musique II, vol. 1. Du XVIIIe siècle à nos jours.*
389 Sous la direction de Roland-Manuel : *Histoire de la musique II, vol. 2. Du XVIIIe siècle à nos jours.*
390 Geneviève Fraisse : *Les deux gouvernements : la famille et la Cité.*
392 J.-B. Pontalis : *Ce temps qui ne passe pas* suivi de *Le compartiment de chemin de fer.*
393 Françoise Dolto : *Solitude.*
394 Marcel Gauchet : *La religion dans la démocratie. Parcours de la laïcité.*
395 Theodor W. Adorno : *Sur Walter Benjamin.*
396 G. W. F. Hegel : *Phénoménologie de l'Esprit, I.*
397 G. W. F. Hegel : *Phénoménologie de l'Esprit, II.*
398 D. W. Winnicott : *Jeu et réalité.*
399 André Breton : *Le surréalisme et la peinture.*
400 Albert Camus : *Chroniques algériennes 1939-1958 (Actuelles III).*
401 Jean-Claude Milner : *Constats.*
402 Collectif : *Le mal.*
403 Schmuel Trigano : *La nouvelle question juive (L'avenir d'un espoir).*

404 Paul Valéry : *Variété III, IV et V.*
405 Daniel Andler, Anne Fagot-Largeault et Bertrand Saint-Sernin : *Philosophie des sciences, I.*
406 Daniel Andler, Anne Fagot-Largeault et Bertrand Saint-Sernin : *Philosophie des sciences, II.*
407 Danilo Martuccelli : *Grammaires de l'individu.*
408 Sous la direction de Pierre Wagner : *Les philosophes et la science.*
409 Simone Weil : *La Condition ouvrière.*
410 Colette Guillaumin : *L'idéologie raciste (Genèse et langage actuel).*
411 Jean-Claude Lavie : *L'amour est un crime parfait.*
412 Françoise Dolto : *Tout est langage.*
413 Maurice Blanchot : *Une voix venue d'ailleurs.*
414 Pascal Boyer : *Et l'homme créa les dieux (Comment expliquer la religion).*
415 Simone de Beauvoir : *Pour une morale de l'ambiguïté* suivi de *Pyrrhus et Cinéas.*
416 Shihâboddîn Yahya Sohravardî : *Le livre de la sagesse orientale (Kitâb Hikmat al-Ishrâq).*
417 Daniel Arasse : *On n'y voit rien (Descriptions).*
418 Walter Benjamin : *Écrits français.*
419 Sous la direction de Cécile Dogniez et Marguerite Harl : *Le Pentateuque (La Bible d'Alexandrie).*
420 Harold Searles : *L'effort pour rendre l'autre fou.*
421 Le Talmud : *Traité Pessahim.*
422 Ian Tattersall : *L'émergence de l'homme (Essai sur l'évolution et l'unicité humaine).*
423 Eugène Enriquez : *De la horde à l'État (Essai de psychanalyse du lien social).*
424 André Green : *La folie privée (Psychanalyse des cas-limites).*
425 Pierre Lory : *Alchimie et mystique en terre d'Islam.*
426 Gershom Scholem : *La Kabbale (Une introduction. Origines, thèmes et biographies).*
427 Dominique Schnapper : *La communauté des citoyens.*
428 Alain : *Propos sur la nature.*
429 Joyce McDougall : *Théâtre du corps.*
430 Stephen Hawking et Roger Penrose : *La nature de l'espace et du temps.*

431 Georges Roque : *Qu'est-ce que l'art abstrait ?*
432 Julia Kristeva : *Le génie féminin, I. Hannah Arendt.*
433 Julia Kristeva : *Le génie féminin, II. Melanie Klein.*
434 Jacques Rancière : *Aux bords du politique.*
435 Herbert A. Simon : *Les sciences de l'artificiel.*
436 Vincent Descombes : *L'inconscient malgré lui.*
437 Jean-Yves et Marc Tadié : *Le sens de la mémoire.*
438 D. W Winnicott : *Conversations ordinaires.*
439 Patrick Pharo : *Morale et sociologie (Le sens et les valeurs entre nature et culture).*
440 Joyce McDougall : *Théâtres du je.*
441 André Gorz : *Les métamorphoses du travail.*
442 Julia Kristeva : *Le génie féminin, III. Colette.*
443 Michel Foucault : *Philosophie (Anthologie).*
444 Annie Lebrun : *Du trop de réalité.*
445 Christian Morel : *Les décisions absurdes.*
446 C. B. Macpherson : *La theorie politique de l'individualisme possessif.*
447 Frederic Nef : *Qu'est-ce que la métaphysique ?*
448 Aristote : *De l'âme.*
449 Jean-Pierre Luminet : *L'Univers chiffonné.*
450 André Rouillé : *La photographie.*
451 Brian Greene : *L'Univers élégant.*
452 Marc Jimenez : *La querelle de l'art contemporain.*
453 Charles Melman : *L'Homme sans gravité.*
454 Nûruddîn Abdurrahmân Isfarâyinî : *Le Révélateur des Mystères.*
455 Harold Searles : *Le contre-transfert.*
456 Le Talmud : *Traité Moed Katan.*
457 Annie Lebrun : *De l'éperdu.*
458 Pierre Fédida : *L'absence.*
459 Paul Ricœur : *Parcours de la reconnaissance.*
460 Pierre Bouvier : *Le lien social.*
461 Régis Debray : *Le feu sacré.*
462 Joëlle Proust : *La nature de la volonté.*
463 André Gorz : *Le traître* suivi de *Le vieillissement.*
464 Henry de Montherlant : *Service inutile.*
465 Marcel Gauchet : *La condition historique.*
466 Marcel Gauchet : *Le désenchantement du monde.*

467 Christian Biet et Christophe Triau : *Qu'est-ce que le théâtre ?*
468 Trinh Xuan Thuan : *Origines (La nostalgie des commencements).*
469 Daniel Arasse : *Histoires de peintures.*
470 Jacqueline Delange : *Arts et peuple de l'Afrique noire (Introduction à une analyse des créations plastiques).*
471 Nicole Lapierre : *Changer de nom.*
472 Gilles Lipovetsky : *La troisième femme (Permanence et révolution du féminin).*
473 Michael Walzer : *Guerres justes et injustes (Argumentation morale avec exemples historiques).*
474 Henri Meschonnic : *La rime et la vie.*
475 Denys Riout : *La peinture monochrome (Histoire et archéologie d'un genre).*
476 Peter Galison : *L'Empire du temps (Les horloges d'Einstein et les cartes de Poincaré).*
477 George Steiner : *Maîtres et disciples.*
479 Henri Godard : *Le roman modes d'emploi.*
480 Theodor W. Adorno/Walter Benjamin : *Correspondance 1928-1940.*
481 Stéphane Mosès : *L'ange de l'histoire (Rosenzweig, Benjamin, Scholem).*
482 Nicole Lapierre : *Pensons ailleurs.*
483 Nelson Goodman : *Manières de faire des mondes.*
484 Michel Lallement : *Le travail (Une sociologie contemporaine).*
485 Ruwen Ogien : *L'Éthique aujourd'hui (Maximalistes et minimalistes).*
486 Sous la direction d'Anne Cheng, avec la collaboration de Jean-Philippe de Tonnac : *La pensée en Chine aujourd'hui.*
487 Merritt Ruhlen : *L'origine des langues (Sur les traces de la langue mère).*
488 Luc Boltanski : *La souffrance à distance (Morale humanitaire, médias et politique)* suivi de *La présence des absents.*
489 Jean-Marie Donegani et Marc Sadoun : *Qu'est-ce que la politique ?*

490 G. W. F. Hegel : *Leçons sur l'histoire de la philosophie.*
491 Collectif : *Le royaume intermédiaire* (*Psychanalyse, littérature, autour de J.-B. Pontalis*).
492 Brian Greene : *La magie du Cosmos* (*L'espace, le temps, la réalité : tout est à repenser*).
493 Jared Diamond : *De l'inégalité parmi les sociétés* (*Essai sur l'homme et l'environnement dans l'histoire*).
494 Hans Belting : *L'histoire de l'art est-elle finie ?* (*Histoire et archéologie d'un genre*).
495 J. Cerquiglini-Toulet, F. Lestringant, G. Forestier et E. Bury (sous la direction de J.-Y. Tadié) : *La littérature française : dynamique et histoire I*.
496 M. Delon, F. Mélonio, B. Marchal et J. Noiray, A. Compagnon (sous la direction de J.-Y. Tadié) : *La littérature française : dynamique et histoire II*.
497 Catherine Darbo-Peschanski : *L'Historia* (*Commencements grecs*).
498 Laurent Barry : *La parenté.*
499 Louis Van Delft : *Les moralistes. Une apologie.*
500 Karl Marx : *Le Capital* (*Livre I*).
501 Karl Marx : *Le Capital* (*Livres II et III*).
502 Pierre Hadot : *Le voile d'Isis* (*Essai sur l'histoire de l'idée de Nature*).
503 Isabelle Queval : *Le corps aujourd'hui.*
504 Rémi Brague : *La loi de Dieu* (*Histoire philosophique d'une alliance*).
505 George Steiner : *Grammaires de la création.*
506 Alain Finkielkraut : *Nous autres modernes* (*Quatre leçons*).
507 Trinh Xuan Thuan : *Les voies de la lumière* (*Physique et métaphysique du clair-obscur*).
508 Marc Augé : *Génie du paganisme.*
509 François Recanati : *Philosophie du langage* (*et de l'esprit*).
510 Leonard Susskind : *Le paysage cosmique* (*Notre univers en cacherait-il des millions d'autres ?*)
511 Nelson Goodman : *L'art en théorie et en action.*
512 Gilles Lipovetsky : *Le bonheur paradoxal* (*Essai sur la société d'hyperconsommation*).

513 Jared Diamond : *Effondrement (Comment les sociétés décident de leur disparition et de leur survie).*
514 Dominique Janicaud : *La phénoménologie dans tous ses états (Le tournant théologique de la phénoménologie française* suivi de *La phénoménologie éclatée).*
515 Belinda Cannone : *Le sentiment d'imposture.*
516 Claude-Henri Chouard : *L'oreille musicienne (Les chemins de la musique de l'oreille au cerveau).*
517 Stanley Cavell : *Qu'est-ce que la philosophie américaine ? (De Wittgenstein à Emerson, une nouvelle Amérique encore inapprochable* suivi de *Conditions nobles et ignobles* suivi de *Status d'Emerson).*
518 Frédéric Worms : *La philosophie en France au XXe siècle (Moments).*
519 Lucien X. Polastron : *Livres en feu (Histoire de la destruction sans fin des bibliothèques).*
520 Galien : *Méthode de traitement.*
521 Arthur Schopenhauer : *Les deux problèmes fondamentaux de l'éthique (La liberté de la volonté — Le fondement de la morale).*
522 Arthur Schopenhauer : *Le monde comme volonté et représentation I.*
523 Arthur Schopenhauer : *Le monde comme volonté et représentation II.*
524 Catherine Audard : *Qu'est-ce que le libéralisme ? (Éthique, politique, société).*
525 Frédéric Nef : *Traité d'ontologie pour les non-philosophes (et les philosophes).*
526 Sigmund Freud : *Sur la psychanalyse.*
527 Sigmund Freud : *Totem et tabou.*
528 Sigmund Freud : *Conférences d'introduction à la psychanalyse.*
529 Sigmund Freud : *Sur l'histoire du mouvement psychanalytique.*
530 Sigmund Freud : *La psychopathologie de la vie quotidienne (Sur l'oubli, le lapsus, le geste manqué, la superstition et l'erreur).*
531 Jared Diamond : *Pourquoi l'amour est un plaisir (L'évolution de la sexualité humaine).*

532 Marcelin Pleynet : *Cézanne.*
533 John Dewey : *Le public et ses problèmes.*
534 John Dewey : *L'art comme expérience.*
535 Jean-Pierre Cometti : *Qu'est-ce que le pragmatisme ?*
536 Alexandra Laignel-Lavastine : *Esprits d'Europe (Autour de Czeslaw Milosz, Jan Patočka, Istán Bibó. Essai sur les intellectuels d'Europe centrale au XXe siècle).*
537 Jean-Jacques Rousseau : *Profession de foi du vicaire savoyard.*
538 Régis Debray : *Le moment fraternité.*
539 Claude Romano : *Au cœur de la raison, la phénoménologie.*
540 Marc Dachy : *Dada & les dadaïsmes (Rapport sur l'anéantissement de l'ancienne beauté).*
541 Jean-Pierre Luminet : *Le Destin de l'Univers (Trous noirs et énergie sombre) I.*
542 Jean-Pierre Luminet : *Le Destin de l'Univers (Trous noirs et énergie sombre) II.*
543 Sous la direction de Jean Birnbaum : *Qui sont les animaux ?*
544 Yves Michaud : *Qu'est-ce que le mérite ?*
545 Luc Boltanski : *L'Amour et la Justice comme compétences (Trois essais de sociologie de l'action).*
546 Jared Diamond : *Le troisième chimpanzé (Essai sur l'évolution et l'avenir de l'animal humain).*
547 Christian Jambet : *Qu'est-ce que la philosophie islamique ?*
548 Lie-tseu : *Le Vrai Classique du vide parfait.*
549 Hans-Johann Glock : *Qu'est-ce que la philosophie analytique ?*
550 Hélène Maurel-Indart : *Du plagiat.*
551 Collectif : *Textes sacrés d'Afrique noire.*
552 Mahmoud Hussein : *Penser le Coran.*
553 Hervé Clerc : *Les choses comme elles sont (Une initiation au bouddhisme ordinaire).*
554 Étienne Bimbenet : *L'animal que je ne suis plus.*
555 Sous la direction de Jean Birnbaum : *Pourquoi rire ?*
556 Tchouang-tseu : *Œuvre complète.*

*Impression CPI Bussière
à Saint-Amand (Cher), le 2 mars 2012.
Dépôt légal : mars 2012.
1er dépôt légal dans la collection : septembre 2001.
Numéro d'imprimeur : 120772/4.*
ISBN 978-2-07-032659-4./Imprimé en France.

243654